泣いていいんだよ

母と子の封印された感情

青木悦

けやき出版

はじめに

児童虐待の事件が跡を絶ちません。テレビのニュースを見たくない、新聞を開くのがいやになる、そんな毎日がつづいたこともあります。そういう中で私はあいかわらずあちこちの街を歩き、語り、語り合い、書いてきました。実に多くの人と出会い、とても活字にはできないようなできごとを見たり、聞いたりもしてきました。

数字の上でさほどの傾向は見えないのに「少年事件増加、低年齢化、残虐化」などのことばが広がり、それを信じている人が多いことも知りました。「だから教育基本法を変えなければ」という、まったくの事実誤認の上に立った、非科学的かつ非論理的な言い方が多いことも知りました。

これらの大きな問題も考えたいと思い、乏しい知識を承知で小さな雑誌にも懸命に書いてきました。この国が再び戦争を容認する空気に包まれ始めていると感じ、その恐怖が先に立って、中途半端を承知で運動として書いたものがほとんどです。

それらのバラバラの原稿をひろい集め、まとめて出版してくれることになりました。単に著作集としてまとめることに恥ずかしさがあり、何としてもいま書きたかったことを、書き下ろしとして加えました（第一章「暗闇では眠れない」）。幼いころ殴られながら育った人間がどんなしんどい〝性格〟を作ってしまうのか、自分を例に「分析」したものです。心理学者でもなければ、精神分析家でもない私が、自分をきわめて中途半端にさらけ出したものにしかなりませんでした。

こんな形で本をまとめる方法があるなんて知らなかったのですが、今回、私は大きなものを得ました。そのときは懸命に書いたものであっても、いまもう一度読み直すと、全部書き直したいと思ったこと、でもそこに書かれた事実、事件などの中で出会った人たち個人を思い出し、再び出会えたことはとてもうれしいことでした。

何よりも、自分のことをつきつめて考えていく中で（私は書きながら考えるタイプのようです）、自信のなさに苦しんだ私の方が、自信のなさから逃げようとした父よりも幸せだったのではないかと思えたことが意外な喜びでした。そしてはじめて父の孤独を感じとることができました。父のしてきたことを「許す」とか「認める」とかということではありませんが、父と初めて出会えたのがこの原稿でした。ひとつの、ささやかな、しかし確実な、私個人の幸せでした。

ほんとにまとまりのない本です。何を言いたいのかわからない本かもしれません。全体として、いまという時代を私がどう感じ、考えているか伝えられたら、それだけでよかったと、私は考えていますが、ひとつの時代の記録になれば、さらに幸せなことです。

　強い信念とか堅い意志とかのことばは私は苦手です。大切なことばとは思いますが、私が持ち得ないので、つかいづらいことばなのです。でもいま、これらのことばが大切になっています。「強い信念」で、この国の行先を変えなければというふうに……。

　私はこう表現します。時代の流れに抗するために、私は視点を見失いたくないと。小さな子ども、体力のない女、老人、そういう人の側から見つめつづけること、ここで揺るぎたくないと思っています。

　私たちに「信念」とか「意志」が必要な時代になったら、もう間に合わないのかもしれないと心配しています。それで悲観的になるよりも、小さないのちが奪われることのない社会をめざして、小さないのちから目をそらさず生きていきたいと思うのです。

　ちゃんと吟味されていない原稿も多く、誰かを傷つけてしまうのではないか、それを一番おそれています。どうか、書いた思いを読みとってくださるようお願いいたします。

青木　悦

東京・文京区の自宅にて
（二〇〇三年九月、世田谷区より転居）

二〇〇四年二月

▼目　次

第二章　子どもと親を追いつめたもの――「事件」の根

第一章 虐待

――その「暴力」の根

8

親の代わりに怒りも悲しみも封印する
――子どものまわりを歩きつづけて、いま、思うこと

ごく最近、身内に不幸があり、そのことをめぐって私はとてもつらい思いをした。情けなくて悔しくて、血圧の上がるのが自分でもわかった。眠れない夜がつづき、体の中の怒りをもてあました。

古いつきあいの友人や、これまた古いつきあいの夫は「怒れ！　悔しかったらそれを出せ！　どなってもいい、叫んでもいい」と、慰めてるのかけしかけてるのかわからない励まし方をしてくれた。しかし私はまた、自分の感情を外に表現せず、煮え湯として呑みこんだ。

子どものころからずっとそうだった。なかの悪い両親の間で、母と〝同志〟のように生きた長女の私は、いつしか子どもらしい感情を抑え、親のような子どもとなった。たった一度、それも四十五歳になってから母に抗《あらが》ったが、それがそのまま母との〝別れ〟になっ

てしまった。いまとなっては、もう六十歳が見える年になったいまとなっては、叫んだりできない。特に身内（どこまでの関係を指すことばかわからないが、私の場合は自分の生まれた家とそのまわりの血縁を指す）のことは、もういいや……という思いが強い。

感情を出さない子どもたち

子どもの居るところを歩きつづけて、私と同じように自分の思いを呑みこむ子どもが多くなっていることにびっくりした。戦後すぐに生まれた私は、貧しい生活の中で、戦前・戦中を引きずる両親だったから、こんな状況の中で育たざるを得なかったのだと、長いこと、思っていた。

しかし生活は〝豊か〟になり、戦争は遠くなった（別の戦争はあったし、次のそれが近づいてもいるが）時代にもかかわらず、怒りや悲しみや喜びすらも表現しない子どもは、むしろ増加している。なぜ？　という素朴な疑問から取材に歩き、ひいては自分の子ども時代を見つめることになった。いささか感情的に言うと、初めて書いた本のタイトル『人間をさがす旅』をずっとしてきた記者としての二十八年間だった。

今回本誌にこういう機会をいただいて、自分の子ども時代のこと、いまの子どもとの比較、親である私と子どもとの関係など、ふだんの仕事ではちょっと遠慮してしまうことを書いてみたい。読んでくださる人に「役に立つ」ものにはならないと思うが、こんな考え方もあるのかと思ってもらえればいいと思う。

先に親に泣かれて

当然、泣いていい、怒っていい、叫んでいいと思われるところにいる子どもが、黙り、うつむき、無表情で見返してくる——こんな場面に何回出会っただろう。幼いときから親に殴られ、蹴られ、階段から突き落とされ、この子、よくいのちがあったなあと思える子どもに出会った。また幼いとき（なんと、生後八カ月）から幼児教室、ピアノ、スイミング、進学塾など引きずり回され、疲れはてて自信をなくし、いまになってそれを責める親に怒ることもなく、泣くこともなく、じっと見返す子どもにも出会った。私自身は、後者の子どもの方にたくさん会った。

そういう子どもに、なぜ怒らないの？　泣いてもいいんだよ、などの声をかけても返事はなかった。この人、何言ってるんだろう、と不思議そうに見返してきた。

「いじめ」にあい、学校に行かなくなって、昼夜ひっくり返り、親が泣きながら訴えてきて、とにかく親を落ち着かせるためにと考えて、ある子どもと出会ったことがある。中学二年生の女の子だった。こんにちは、というと、首をこくんと動かした。不安そうに私を見た。「眠い？」ときいた。彼女の寝ているはずの時間だったからだ。彼女は「ううん」と首を振った。気をつかってくれていると思った。ふと気がつくと母親が不安と不信の目で彼女を見ていた。私は言った。

「この人、病気じゃありませんから、そんな、病人をのぞきこむような顔しないでください」

母親はビクッとしたが、目の表情は変わらなかった。心配なのはわかるけれど、こんな目でずっと見られたらつらいだろうなと思った。そして私は、父の暴力の前でこんな目をしていた自分の母のことを思い出した。そしたら、中学生のその子に向かって、こんなことばが口をついて出ていた。

「お母さんに先に不安になられて、お母さんに先に泣かれちゃったら、あなた、心配で心配で、泣くこともできないよねえ」

彼女はじっと私を見た。そして目にいっぱい涙があふれてきた。次々にあふれて、すわっているソファーの上にボタボタ落ちた。私はつづけた。

「順番どおりにやってもらいなさいね」

女の子は「そうですよね、そうですよね、お母さんより、私は、子どもですものね…」と、とぎれとぎれに言って、ワッと泣いた。彼女はその後、両親と「たたかい」つづけ、いまは独りで働きながら大学に行っている。もう成人した。自信に満ちて明るいように見える。

いつからおとなになった？

自分の子ども時代を未解決のまま抱えていると、常に意識しながら子どもたちと会話してきた。解決できない子ども時代を抱えることはコンプレックスだった時期もある。しかし私は、ここを抜きにして「おとな」になることはできなかった。というより、その方法がわからなかった。

もっと正直に言うと、私はいま「おとな」なのかどうか、さっぱりわからない。年齢も肉体も立派な「おとな」で、むしろ「老人」の域に入ろうとしているが、気持ちの上でいつまでも子どもで、いつから「おとな」になったのか、さっぱりわからないのである。だから「いまの子は感情を出せなくなっている」と論評されただけでは、私も、困る。子どもといっしょに、困る。論評の手前というか、論評の先というか、そのあたりを書いていけたらと思う。

また、奉仕活動の強制、〝大競争時代〟を予想しての階級社会化をねらう教育改革、「家庭の教育力」というわけのわからないことばで女の人生を子どもとセットに縛りつけようとする教育基本法「見直し」などについても、その折々で思うことを書こうと思う。自分の内側からの焦る思いとたたかいながら、ねばり強くはね返せる力を持ちたいし、そういう人とつながりたいと切に思いつつ……。

初出／「月刊はらっぱ」No.２２８・２００３年４月号（子ども情報研究センター）

おとながまず「暴力」を憎む
――子どもへの、あるいは子ども同士の「暴力」を防ぐため

二〇〇二年五月三十日、私は名古屋地方裁判所の大きな法廷の傍聴席で体を固くしていた。メモをとりながら、背中の痛みと腰の痛みに気がついていた。また、力が入りすぎているぞと、どこかで自分を注意する自分の声がした。フッと体をゆるめる。しかし、すぐまた力が入ってしまう。

女性弁護士の声が戻ってきた。

「被告人A子は、幼いころ、きわめて暴力的な環境で育っています。ジュディス・L・ハーマンの書いた『心的外傷と回復』(仲居久夫訳、小西聖子解説、みすず書房刊)によると、児童期に虐待を受けたものは、自己肯定感と自立感を身につけることができない。不安の中で生き延びなければならないために、虐待をなかったものにしてしまう。いまは虐

待されているのは別の人間と考える。つまり、現実を変えようとする傾向と多重人格の発生がみられると言っています。事実、A子には子ども時代の記憶がありません」——

そう、私もそうだった。思い出したくもない幼児期を持っている。職業軍人だった父は、戦後生まれた私を、幼いころから酔っては殴った。酔っていないときも、その気分が急変するため、私はいつも用心して生きた。テレビを見て笑っても殴られ、顔を洗う父の着物の袖が濡れそうだったので、横からそっと持つと「よけいなことをするなっ」と、いきなり殴られた。どんなに気を配っても結果は同じだったので、私は幼いころ、心の中で父を何度も「殺した」。そういう自分を「悪い子」と思った。

また弁護士の声。

「虐待された子どもは『自分は生まれつき悪い子だ』と結論づけ、自己否定を人格形成の基本にしてしまいます。成人になったとき、こういう人間は、まるで飢えた者のように、『誰か、私を守って……』と、強力な人物への服従をすることが多い。そこに男らしさ、女らしさという価値観も加わり、A子は権威的なB男に服従していきました。（略）一方B男もまた権威的な祖父にひどい暴力の中で、育てられました。『自信』『自立』を欠いたまま成人したと言えます。しかし、B男は恐れていた祖父を崇拝していました。（略）A

子にとってB男は自分の話を聞いてくれる初めての男性で、有能な人に見えました。『良い家庭』のモデルを持たないA子は（B男も同じ＝筆者）B男を家長としたまとまりのある家庭を築きたかったのです。そのためB男の指示をそのまま守り……」。

「事件」の経過

この法定で裁かれているのは、二〇〇一年七月十七日、名古屋市南区で明らかになった児童虐待死事件。A子（当時三十二歳）から「小学二年生の娘が呼吸していない」と一一九番通報があり、病院に運ばれたが、一時間後に死亡、同居人のB男（当時二十九歳）が「抱き上げて五、六回床に落とした」と認め、さらに実母であるA子も約三カ月前からスタンガンや蒲団叩きでこの七歳のC子ちゃんを殴ったり、食べ物を与えないなどの虐待をしていたとして、傷害致死容疑で逮捕されたのである。

報道によれば「外傷性ショックで死亡」したC子ちゃんの体は、「栄養不足による極度の貧血状態」で、「赤血球が通常の三分の一程度しかなく二カ月以上、十分な食事が与えられていなかった」（毎日新聞、〇一年八月八日付）。さらに「冷蔵庫に縛りつけ四日間放置、暴力を隠そうと窓には目張り」（朝日新聞、〇一年八月八日付）。

いわゆる児童虐待事件で、虐待の様子をこまごま書いていってもしかたがない。書けば、このようにほんの一部のことであっても、「よくそんなことができた」「母親なのに、なぜ」「ひどい……」という反応が目に浮かぶ。

「子どもは体罰で育つ」「体でしつけなければ犯罪者になる」と信じたB男の言葉に、まっすぐ従っていった（法廷での二人の証言）二人のおとなによる「しつけ」、それが徐々に「密室」でエスカレートしていく——。そのエスカレートの結果は、いままで私たちが何度も「エッ？　うそ！」と言ってきた「いじめ」の中にもあったひどい残虐性を示すものになる。しかし、こまごまとした「暴力」の中に、事件の根につながるものが見つかることもある。

特にこの事件はB男が「探偵業」という仕事で使っていたというスタンガン（高圧電流銃）や催涙スプレー、さらに監視用にといってビデオで暴力の様子が撮影されており、検察側の証拠になった。そして、そのことが大きく報道されるから、よけい「なんてひどいことを！」という声になり、どんなにか残酷、冷酷な男女に違いないと想像してしまう。

しかし、法廷に現れたA子は小柄で血の気のない顔、手錠を外すときの両手も上半身も、カタカタと音を立てるほどふるえているように見えた。目はずっと宙を見ていた。B男も、体格はむしろ細身に見え、一見してどこにでもいる「まじめ」な印象のサラリーマン風に見えた。少なくとも「冷酷な二人の男女」ではなかった。

自分の問題として

これまでにもたくさんの児童虐待事件が報じられている。報道に接するたびに胸の中でドキンとするものを感じる私は、子どもにかかわる事件を追って考えて語ってきたにもかかわらず、虐待事件を取材するのはイヤだった。五十歳代の半ばにもなって、幼いころから父に殴られ、成人後も、いつ怒り出すかわからない父におびえ、気をつかい、ビクビクと生きてきた私は、まだその問題を自分の中で整理できていなかった。何よりも、そのことを思い出すと体中の血が逆流を始めるほど腹が立った。

私の場合、今回の事件のC子ちゃんのような「体罰」ではなく、感情を勝手に爆発させて弱い者を殴り、気分が戻ると「悪かった」と簡単に謝る父の暴力にさらされたということで、こんなところでひどさを競いたくはないが、C子ちゃんよりは格段に軽かった。何より、母が必死で子どもたちをかばい、自分が蹴られながらも腕に抱いた私たち娘二人を決して離さなかった。

だからいま私が「心的外傷」を負っていると思ったことはないし、五、六年前からであるが、自分のつらい体験を講演のたびに語ることもできるようになっている。語ることができたとき、しかも淡々と語れたとき、さらにこの問題を、いま起きている子どもを囲むシステムや価値観が、子どもの自尊心を打ち砕くものになっているのではないかという提起の中に位置づけて語れたとき、私は自分の体験をある程度片づけることができたと思っていた。

しかし、幼児が虐待で死んだ（殺された？）ニュースに接して、体中でわき起こるこの怒りの感情を、私はまだつかみそこねていた。なぜこんなに腹が立つのか、自分の体験は語ることができるのに、と不思議だった。でも、怒りがわいて両手がふるえ（そのために私は、これも更年期障害のひとつかとさえ思った）、胸がドキドキしている間は、虐待事件を取材する気にはなれなかった。

「怒り」の原因をさがす

今回の名古屋の事件は、被害者の年齢が比較的高い。学校や学童保育に通っていて、そことの関係もうかがえるかもしれない。何しろ児童虐待の件数が日本一を争うという愛知県での事件、そことの接点もあるかもしれない。

そんなふうに考えて、今回初めて私は虐待事件を裁く法廷に通いつづけた。しかし、とても勇気を必要とした。いい年をしてと笑われるかもしれないが、裁判の日、新幹線に乗るのは、足が重くてけっこう大変だったのである。ただ、これ以上年をとると、もっと勇気を持てなくなるかもしれない、眼底出血した目が、もっと見えなくなるかもしれない。まだ見えるうちに、私は「見て」おきたかった。

裁判のこまごましたやりとりをここに記す余裕はない。冒頭に書いた弁護士のことばも、傍聴席で必死にメモった、そのメモのみが根拠なので、話の順序、ことばにまちがいがあるかもしれない。この事件のすべての事実に関心のある人は、どんな形でか裁判記録を見てほしい。

私は傍聴席で、自分を試すつもりもあった。平静でいられることにはもう自信があったけれども、虐待事件のニュースにカッとなる体の変調の原因を知りたい思いもあった。つまり、この事件を社会的に報道するというよりは、私はC子ちゃんに自分を重ね、どこまでも自分のことを知りたくて通ったのだと思う。自分の「怒り」の原因を知りたかった。

同時に、私から見ると若いこの被告人二人のことを知りたかった。幼児期おそらく暴力的な環境に育ったのだろうと思った。そのことよりも、学校教育がこの二人にどう影響しているのか、していないのか、また暴力をどこで身につけていったのか、親からなのか、マンガやテレビといった〝文化〟からか、学校からか、友だちからか、職場からか、それらも知りたかった。

B男の母親の証言によると、B男は兄妹たちとともにB男にとって祖父にあたる人のところで生活することが多かった。元医者だったというこの祖父は、とにかく厳格な人で、よくB男たちを叩いたという。特に食事のときの「しつけ」に厳しく、肘をついて食べたり、残したりすると殴られたと、B男本人も証言している。B男には三人の〝父〟がいる。母が三回結婚したからだが、B男にとっての実父にも時折、殴られたという。B男の母親によると、「夫は子どもが好きでなかった」という。

また、「高校生のとき、同級生から頭を殴られ、眉間を腫らして帰ってきたことがある。（いくつのときかわからないが）給食のとき、食べ物に虫をいれられ、教師からそれを食べろと言われたこともあった」と母親は証言した。B男は「いじめによって」高校を辞めたともいう。

暴力の出どころ

C子ちゃんは壁に背中を当て、中腰のまま足、腰を九〇度にしてじっとしているという暴力を受けた。この体勢のまま長時間いると、足や体がブルブルとふるえ出す。おそらくそのことからこの暴力を「電気イス」と名づけたのであろうが、これをやらせたB男は、「電気イス」は高校の陸上ホッケー部の中でトレーニングとしてやらされたと証言した（トレーニングだったのか、しごきだったのかはわからないが、スポーツにくわしい人は、こんなトレーニングは知らないと言う）。

さらにB男とA子は、C子ちゃんの足を蒲団叩きなどで殴りつづけたが、これも「部活動の中で、足の筋肉をつけるため、棒で叩いた」B男の経験から出ていた。このときはさすがに裁判長が「棒で叩いて筋肉がつくのか」と問うている。それに対しB男は「はい、つきます」と答えた。

またC子ちゃんがやらされたことの中に、「ヒンズースクワット」と呼ばれる足の屈折運動がある。起訴状では、C子ちゃんはこれを数千回もやるように要求されたという。法廷に出された検察側の証拠の中にこの様子が録音されたテープがあった。

それに、B男が「『スクワットを四九九九回やりゃあ』」と強要し、C子ちゃんが息を荒げる様子が録音されていた」（毎日新聞、〇一年十一月二十八日付）という。この屈折運動はプロレスのトレーニングの中で行われるもののようで、雑誌やテレビなどで知ったという男の子はたくさんいる。

全体として、具体的な暴力の方法は、B男のほうから提案され、A子がそれに従っている様子であるが、B男がこれらの方法を知った場所は、祖父、父（家庭内）から、クラスメート、教員（学校）から、部活動の先輩たちから、テレビなどの〝文化〟の側から——つまり生まれて、成長していくあらゆる場から得ていることがわかる。そして一番問題なのは、B男の中に暴力を批判し、憎む気持ちがまったく存在しなかったようにみえることだ。むしろB男の証言では「厳しかった祖父が死んだとき家族がバラバラになった。だから家庭は厳しさが必要なのだと思い、祖父を尊敬するようになった」という。

何回目かの法廷でこの証言を聞いたとき、私は「冗談じゃないよ。自分を殴った人を尊敬するなんて……」とつぶやいていた。私は、自分を暴力で支配した父がきらいだった。何より、彼は女や子どもを「暴力で支配した」という認識を私は持っている。幼いころは必死でかばってくれ、世の中で一番好きな人と思いこんで、この人の幸せのために私は生きるとまで考えていた母とも、結局は、母も父の暴力を認め、そっちの味方になったことを知って、ケンカ別れしてしまった。父は数年前に亡くなったが、母はまだ生きている。つきあいはないけれど。

私が父を憎み、きらい切っていくとき、母は微妙に変化した。そして「あの人も、あれで、いいところもある」と言った。この一言で私は母のために生きることをやめた。これはずいぶん昔のこと。ただその後、自分の夫を否定し、決して女や子どもを殴らない男といっしょになった自分の分身だった長女（私のこと）を、母は憎み始めた。認めることはつらかったが、母との別れになった具体的な言葉は、母が私に言った「あんたは何でもうまくいく、許せん」という言葉だった。つまり私は、母といっしょに男の暴力を憎み、戦争からつながる影の中で、そのことを反省しようともしない、学ぼうともしない父を批判する仲間になることに失敗したのだ。

祖父の暴力を「尊敬する」というB男と、それを深く信頼し、言われるままにわが子を虐待してしまったA子、それに対し比較的若いころから父の暴力を憎み、強圧的、権威的なものにほとんど反射的に反発していく私、この両者の違いはどこからくるのだろうか。

「教育」の真の力

家庭的にはA子・B男と私との間に、さほど違いは感じられない。時代は大きく違うけれど、さほど豊かでもなく、かといって明日の食べ物もないほど貧しくなく、うまくいかない夫婦の間で、ケンカばかりの毎日、早くこの家を出たいと思い、私は必死に勉強して大学に入り上京した。

A子は就職も決まっていないのに、なんと高校卒業の日に家を出ている。そのときの気持ちを、私は、わかる。

両者の間で、大きく違っているのは「教育」である。正確に言うなら、生まれた家庭は似たようなものだが、その後の「教育」があったか、なかったかという点だろう。私が大学に行ったか、どうかということではない。本を読んだか読まなかったでもない。「教育」と「学歴」は、言わずもがなであるが、まったく別のものだ。

冒頭の弁護士の話にもあるように、親に殴られたり無視されたりして育った子どもは、自信と自立を見失う。当然のことだ。

どんなことがあっても無条件で迎えいれてくれるはずの親（そうは言っても、そんな親は少ない。こわいことだが、ますます少なくなっている）から、毎日、毎晩否定されるのだ。「私はこの世に生まれてきてはいけなかったのだ」「私なんか何の意味もない人間だ」という思いを育ててしまう。

そんな私に、当時の中学校の教員が声をかけてくれた。ドラマティックな言葉でも場面でもない。ただ、家庭内の暴力をひた隠し（母に隠せと無言の圧力を受けていた）、学校ではいい子を演じる私のストレスを、先生は見ていてくれた。たった一言、いつも、たった一言声をかけてくれた。

「よく、よく、がんばっているなあ……」

うれしかった。こんな私でも、見つめていてくれる人がいると信じることができた。そのとき初めて、十三歳で初めて、私は、自分もちょっと意味ある存在じゃないのかなと思った。

そして、相変わらず暴力を振るう父を軽蔑した。暴力は私を屈服させるけれど、あの先生の一言にはかなわないと思った。あの先生の一言、つまりことばは、私を変える力を持っていた。父の暴力は抑えこむだけ、先生のことばは、人間を変えたのである。

暴力よりもずっと力のあるものを私は知った。やさしい関心を抱いてくれること、これが子どもを育てる何よりの力であることを体験した。

私は殴られて育ったけれど、いま二十五歳の一人息子を殴ったことは一度もない。共に暮らす夫にも一度も殴られたことはない。殴ったらその場で離婚する、そのために自分の仕事、収入はいのちの次に死守するという、ものすごい（？）決意をしつつの生活ではあったが。

前述のジュディス・L・ハーマンの『心的外傷と回復』にも次のような記述がある。

「一般に思い込まされている『虐待の世代間伝播』に反して、圧倒的大多数の生存者（児童期虐待を生き抜いた人の意・筆者注）は自分の子を虐待もせず放置もしない。多くの生存者は自分の子どもが自分のに似た悲しい運命に遭いはしないかとしんそこから恐れており、その予防に心を砕いている。経験者たちはしばしば子どもたちのために自分のために振るえなかったケアと保護の能力を動員することができるようになっている（傍点筆者）」。

一般的には虐待された人はまた虐待をすると思われているが、そうではない。虐待してしまった多くが虐待された経験を持っているというのが事実だろう。そして、ここで、虐待された人が次の世代にそれを送らないために、絶対必要なものがあることが見えてくるのではないだろうか。

私を励ましてくれた先生のようなおとな、そう、自信をなくし、自立心を育てることができず、危険なところをフラフラしていた子どもに「大丈夫だよ。ここに私がいるよ」とメッセージを送ってくれるおとなが不可欠なのである。

家庭を選んで生まれてくることのできない子どもが暴力にさらされ、他の子どもたちにその暴力を広げ、成人してまた暴力で人を支配することにならないように、まず励まし、暴力を受けていることを認識し、それを憎む力、批判力を身につけさせるのが教育ではないのか。

私が傍聴した裁判の被告人A子もB男も、小学校、中学校、高校まで行っている。数学や英語は習っただろう。しかし私にとってのあの先生には出会っていないらしい。私とあの二人の被告人の人生を分けたものは、ほんとうに薄い紙一枚のような出会いだったかもしれない。

「虐待」は政治問題

しかし、それだけではすまされないものがある。私があの先生と出会えたのは、単なる幸運ではなく、あの先生のあの発言を支えるシステムが教師集団の中に、学校の中に、あるいは社会の中に生きていたからではないだろうか。いまだって、そんなふうに子どもを支えたいと思っている教員も、近所の人もいるはずだ。ただ、発言しにくくなっているし、届きにくくなっているし、何よりも、届くはずがないという絶望感のほうが強くなっている。

私がこの先生に支えられたころの教員たちは勤評闘争のまっただ中にいた。議論し、行動し、自らの権利のために「闘《たたか》う」教員たちだった。自らの権利のためにたたかっているからこそ、無権利のまま抑圧される子どもの痛みを見つけることも多かったのではないだろうか。

何よりも暴力を憎む意思表示をおとなたちがしなければならない。有事法制、教育基本法改悪、「核は持てる」発言、それをまた「支持する」という東京都知事の恐るべき発言、これら一つひとつが、あの名古屋で無惨に殺されていった七歳の女の子につながる暴力の根だ。私の「怒り」の原因は、ここにあった。虐待事件は政治と重なるから怒りになるのだった。虐待は哀しんでいてはいけない。怒らなければならないできごとだ。

人がひとを支配し、支配される関係、このつながりの中に暴力は生きつづけ、いつもその犠牲は女、子ども、老人、病人……。最大の暴力である戦争を、戦後きちんと反省し、位置づけ、謝り、責任をとってこなかったことが、結局はその後の「いじめ」を生み、「いじめ」社会に出現する最もか弱い存在である赤ちゃん、子どもが殺されていく。その問題がひとつも片づかないうちに次の戦争を平気で準備する痛点を持たない人たちに対し、一人では無力でも多くの人と共に「ノー」と言っていきたい。

暴力を拒否するおとながいることが、子どもへの暴力を防ぐことになると思うから。小さないのちを信じて、発言し、行動していきたい。いま、切に、そう思う。

初出／「季刊子どもと健康」No.70・2002年7月25日発行（労働教育センター）

暗闇では眠れない
――暴力で「親」を見失い、「自信」を砕かれた体験を通して

二〇〇三年六月、私は群馬県前橋市で講演しました。小さな学習会でしたが、参加している人は日常子どものそばで活動している人たちでした。学校関係者はむしろ少なくて、NPOとか自主グループとか、学校に入る以前の子どもたち、入ってからの放課後の子どもたち、入ったものの学校との関係に苦しむ子どもたちに寄り添っておられる人たちがほとんどでした。

私はいつもどおり話しました。最後には自分と父との関係、暴力的・圧力的な父に苦しんだ体験、その中で結局は父の暴力・圧力を容認し、暴力を憎んで父を恨み、にらみつける私の方を切り捨てた母との確執なども、正直に語りました。時間の関係もあって細かく話すこともできなかったのに、この部分に質問がいくつか出ました。

質問をした人たちは児童相談所やその周辺で仕事をしている人たちらしく、一番知りた

かったのは「虐待など暴力的な家庭に育った子どもは、その後どういう感情を持ってしまうのか、どういう態度をまわりの人々に見せるのか」というところのようでした。

児童虐待は報道されない日がないと言っていいほど、たくさん起きています。まだまだ表にあらわれないものを考えると、いったいどのくらいの子どもが家庭の中という〝密室〟でいのちの危険にさらされているか、考えたらゾッとします。

そういう中で育った子どもが保育園に来たり、虐待が明らかになった場合は相談所などの施設に来たりします。そこで見せる子どもの表情が、受けとり手である自分たちにいまひとつわからないと言うのです。現場にいる人ならではの正直なことばです。

ちょうど私はそのころ、自分の親との関係で、誰にも言えないけれど、死ぬほどつらくもないけれど、吐き捨ててしまいたいようなバカバカしいできごとを抱えていました。肉親との最後の別れという意味ではよかったことですが、吐き気は止まらない日々でした。

思わず「では、私がその後、自分を見つけるためにどんな苦労をしたかを、少しまとめて書いてみましょうか。何かお役に立てるかもしれません」と言ってしまいました。質問した人たちは大きくうなずいて「ぜひ、お願いします」と言ってくれました。

そのときの約束を果たそうと書き始めたのがこの原稿です。

男性が「どなる」のがこわい

一九八三年に横浜で起きた、少年たちが集団でホームレスの人たちを襲う事件を取材し、本を書いてから、私は講演というものをするようになりました。ちょうど二十年間やってきたことになります。ここ四、五年は体調の関係もあり、できるだけ回数を減らしたいと思っていますが、頼まれると「断れない性格」もあって、減らすことはなかなか難しい状態です。

一番多いころはほとんど毎日講演していました。時には午前・午後のダブルで引き受けていたこともあります。会場まで秘書が運転する車で、というほど優雅な立場ではなく、そういう仕事でもなく、それほどの講演料をもらっているわけでもなく、講演料が交通費より少ない場合もあったりして、それでも引き受けてきたのは、私にとって講演は「運動」の側面が強かったということです。しかし忙しいことに変わりはなく、電車の中でサンドイッチを缶コーヒーで飲みこむような日もよくありました。

さすがに若くもない体にきてしまい、更年期障害という形で体からサインがあったとき、仕事のやり方を考えました。友人に言わせると大した変化ではないというのですが、私としては思い切って講演を減らすという目標を立てたのです。

それでも結局は断り切れず、毎月、私にとってはけっこう多くの回数の話はしてきました。

私はその、どの会にも、毎回、自分の中でレジュメを用意しました。基本的にはそれぞれの要求に合わせたいくつかのレジュメがありますが、その会からの事前の連絡があるたびにレジュメを変えます。また、その会の前にいわゆる社会的な事件が起きていたら、それへの判断とか思いとかも加えます。しゃべる内容を検討するのは話し出す直前までつづけました。

「まじめだから……」とか、「そんなに一生懸命になるから体こわすのよ」とか、「こんな小さな会なのにそこまできちんとしてくださって、感激です」とか、「いいかげんにしろ」(夫のことば)とか、いろいろ言われます。いまでもそれはつづいています。

私がそこまで「まじめ」に「一生懸命」になるのは、参加者のこと、主催者の気持ちを考えてなどという、カッコイイこととはまったく違う理由からです。

私は、毎回、こわいのです。どんな小さな会でも、というより参加者五十人ぐらいの会が一番こわいと思っていますが、私は「まちがえたくない」、「きちんと終わらせたい」と思うから、こわいのです。私の予想もつかなかった質問が出たらどうしよう、批判をいっぱいされて立ち往生したらどうしよう、反論されて頭の中がまっ白になったらどうしようと、不安がいっぱいあるから、毎回、その不安をなくすために「きちんと」対応してしまうのです。

まだ正直に言っていません。私が一番こわいのは、男の参加者がどなる場面です。一度だけ、十数年前に体験しました。男女平等について語った私に、私よりは年上と思われる男性が挙手もせず、いきなり大声を出しました。

「何を言うか。男と女は違う。当たり前だ。男の方が女よりエライのは昔から決まっている。あんたのような人が、私は、大きらいだ」

そのとき、司会者がとても落ち着いた人で、

「発言は手をあげてからにしてください。それから講師を好きかきらいかではなく、どこがどう違うのか、できるだけ冷静にお話しください。もう一度発言されますか？　どうぞ」

と言いました。

その男性は顔をまっ赤にしていましたが、憤然として席を立っていかれました。女性の参加者がそのうしろ姿に向かって
「言いたいことがあったら、ちゃんと言ったらどうですか」

と声をかけましたが、男性は振り向くことなく出ていかれました。

実は、私はこんな場面になることが大きらいなのです。感情がその場を支配し、いい年

をしたおとながどなり、怒って、席を立つ――そういう場所には居たくないと思っています。

　だから、そんな場面にならないよう極力気をつかいます。会場に入ってすぐ見るのは「今日の会場にはどなりそうな人はいるのかしら」ということでした。自分の経験だけを頼りに、あの人は危ないと見当をつけました。そして、いわばその人に向かって、その人が怒り出すスキを与えないような話をしたこともあります。

　しかし、私の見当は、ほとんどの場合、当たりませんでした。だから、もういいやと思って心の準備を怠ったとき、このどなる男性があらわれたのです。やっぱり私は「甘かった」と思いました。心の準備を怠ってはいけないのだ、忘れたバチが当たったのだ、そう思いました。

　もうこんな場面にはあいたくないと、翌日からはまた〝万全〟の準備をしました。

　こんな気配り、バカげていると思う人はいっぱいいます。私自身、頭ではわかっているのです。先ほどの会場の司会者のように、あるいは席を立つ男性に鋭く、しかし、ことばを荒げることなく声をかけた女性のように、落ち着いて対応すればいいことなのです。こんな場面のたびに胸がドキドキして、だらしなくも言いたいことがどこかいってしまう自分にガッカリしました。だからよけいにこんな場面にあいたくないと、また「準備」を始めてしまうという側面もありました。

こんな疲れ方で体がもつはずもありません。私は一九九五年ごろから体調を崩しました。結果として左眼の視神経の集まったところに眼底出血を起こしてしまい、視力を失いました。まったく見えないわけではないのですが、文字とか人とか、何かを見ようとするとまったく見えない状態になります。顔をグルグル動かして、左眼の焦点の合うところをさがすと瞬間的に見えることもありますが、眼科の医者は「それを〝見える〟とは言いませんよ」と言いました。

以来、右眼だけを頼りにやってきましたが、片眼が見えないということは私にとってはプラスに作用しました。街を歩くときや、長時間本を読むときは不便ですが、講演会場で参加者の全体を見ることは不可能になり、どなりそうな人をさがすこともできなくなったのです。それならもうそれでいいやと、とてもラクな気持ちになり、ゆっくりと、しかしはっきりと自分の意見を言えるようになっていきました。

それまでも、自分の意見を抑えるということは少なかったのですが、自分で勝手に見当をつけた「どなるかもしれない人」に対し、身構えながらしゃべることは多かったのです。時々、自分で意識して肩の力をぬかなければならないほど、肩に力をいれてしゃべっていたのです。

私は最近「片眼が見えなくなって、視野が広がった」という言い方をします。それは、必要以上の心の準備をしなくてすむようになった自分の気持ちを「視野が広がった」と言っているのです。要するにとてもラクになりました。そしてそこから、ではなぜあそこまで私はどなられることをこわがったのか、考え始めました。

正確に表現すると「どなられる」ことだけではなく怒ること、叫ぶこと、つまり静かに、おだやかに語るのではなく感情的になってしまうことを、私はとてもこわがります。二〇〇三年七月二十四日と同二十五日付の毎日新聞に、この「どなる」ことをめぐっての論争が載っていましたが、私はこんな記事を見るだけでドキドキしてしまいます。そしてここに書かれている山形市・主婦二十九歳という人の「私の父も怒鳴る人です。『自分のお金で養っているのだから、妻や子供は自分の思い通りになるのが当たり前』と本気で考えています。部下か使用人か、と思っているふうなのです。絶対許せないと改めて思います。母は人工透析のために通院しています。日々生きることに必死で、子供を守ることもままならず、暗い家庭でした。

先月結婚して夫とのびのび暮らしていますが、お店や会社で人が怒鳴られる場面を見ると、自分が怒鳴られていると感じて今も苦しいのです。テレビの討論番組さえつらくて見られません。」という意見に深く共感します。

父親の暴力

自分の講演の話から書き出して、いったい何を言いたいのかといえば、私がこのようになっていった原因が自分の父親との関係にあるということです。はじめは自分の「性格」かと思っていました。完全主義で、それ故に「まちがえる」ことに「臆病」な「性格」だと思っていました。

しかし、「どなる」人、特に「どなる」男に出会ったときの私の気持ちは、むしろ体に出ました。呼吸が止まってしまうほどドキンとし、体が固まってしまって、頭の中は考えることをやめ、ボー然としてしまうのです。講演につづいて、終了後の質疑という、きわめて頭を使う作業を、私はできるだけきちんと終えようと思います。その点では「完全主義」のところがあるのでしょう。そしてそれが「恐怖」のために「完全」にやれなくなること、それを私は心から恐れていたのです。つまり、「どなる男」の出現によって、自分が思考停止になってしまうことを、私は一番恐れていたのです。

私は幼いころからずっと父に殴られ、どなられ、ビクビクしながら育ちました。その中身をここで一つひとつ書くのはやめます。その結果、どういう気持ちが芽ばえたのか、どういう身体状況が私の中に広がったのか、それをできるだけ細やかに思い出してみたいのです。

父の暴力を児童虐待とは思いません。私の父は「しつけ」として私を殴ったわけでもなく、私だけに向かったわけでもなく、母も、妹も兄も殴られたりどなられたりしていました。母などは（もう父も母も亡くなったので書けるのですが）、たくさんの人のいる駅のホームで、カッとなった父に傘の柄で頭を殴られ、頭から血が出て、警察沙汰になるのを必死で隠したという恐るべき体験をしております。自宅に、頭に包帯を巻いた母を会社の人が大ぜいで連れて帰り、母はふとんに横になりました。悄然とした父が会社の人に頭を下げ、会社（父と母は当時、同じ職場におりました）の人たちは妙に遠慮がちにヒソヒソと会話をして、何が起きたかわからない長女の私が、妹の手を握りしめておじぎをする姿を、哀れみに満ちた表情で見ておりました。

母は駅のホームで転んだと言っておりました。しかし私は違和感を抱いておりました。数年後、ガンの手術で入院した母は、母の入院にイラつく父のことを訴えて泣く私に、実はあのときのケガも父によるものだと初めて明かしました。ショックでした。父の暴力が家庭内だけのことだと思っていたので、外で、たくさんの人の見ている前でもあったことがショックでした。いまでこそドメスティック・バイオレンス防止法などありますが、いまから三十年も前のことです。きっと夫婦間の問題だからと、見ていた人たちみんなで

「解決」をしたのでしょう。そのときのおとなたちの、妙なわけ知り顔を私はいまでも憎んでいます。

そう、私の父は、とても難しい人でした。何よりも酒グセが悪く、弱いくせに飲んではどなり、わめき、私たちを殴りました。酔いがさめたら、前夜のことは何も覚えていないと言いました。そして私と妹のおさげ髪をきれいに結ってくれる人でした。私がケガをしたら、まっ青になって、私を自転車の前に乗せ、必死で病院に運ぶ人でした。私が父を考えるとき一番苦しんだのが、やさしい人なのか冷たい人なのかわからないということでした。いまでもよくわかりません。ただ、とても「弱い」人間だったということは、いま、わかったと思っています。

しかし相手の「弱さ」を知ったからといって、相手にされたことすべてを許せるものではありません。以前は、相手の「弱さ」を知ったら許すのがおとなだと思っていました。いまは違います。相手と自分の立場によって、それは変わってくると思うようになりました。

おとな同士の争いごとなら、相手の「弱さ」（コンプレックスと言ってもいい）を知ったときは、それを責めるのはおとなげないと思います。おとなと子どもの間のできごとは、おとなの方が絶対に悪いと思います。どんなにおとなの側につらさがあっても、それを理由に子どもを殴ったり、いじめたりすることは許されない、いや許してはいけないことだと思います。さまざまな意味で、おとなの方が圧倒的な力を持っているからです。

このことがわかって、私は父のことをきらってもいい、憎んでもいい、それを表現してもいいと感じたとき、とてもラクになりました。自分で自分を閉じこめていたいろいろなものが、少しずつ見えてきたからです。そのひとつが、どなる人への反射的な恐怖心でした。そして、その恐怖心から来るものが、いつもあらゆる場面を想定して動く「準備を怠らない性格」、「完全主義」、「優等生的な気配り」であることにだんだん気づいていきました。

私は、自分のそういう部分をほとんどすべて、持って生まれた、私自身の「性格」だと思っていました。

私には十五歳からずっとつきあっている親友がいます。夫よりも長い歴史のある友人で知り合ってもう四十年（ちょっと愕然とする数字ですが）になります。この友人が二十歳ころの私につけたあだ名は「ていねい過剰症」というものでした。初対面の人にはハラハラと気をつかい、何度も何度も頭を下げ、無意味（に見えたそうです）な笑みを絶やさず、ヘコヘコ（友人の表現です）する私を、彼女はそう呼んだのです。

そう言われたらそうだなあと、私は、彼女の命名の技術に感心しました。そう、どこでも私は「ていねい」でした。雨の日、先の尖った傘で、電車が揺れたとき隣に立っていた男性のクツの上からギュッと押してしまったことがありました。「痛っ」とその人は言いました。私は傘を放り出して車内にしゃがみこみ、「すみません、すみません」とくり返しながら、その男性の革グツを両手でなでつづけました。

私は、申し訳なさでいっぱいで、何てことをしたのだろうと思って、懸命にその人にケガがないことを祈っていたのですが、ハッと気がつくと、車内の人たちがみんなシーンとして私を見ていました。傘で足をいわば刺された（といってもクツの上に跡も残らないほどでしたが）当の男性も、私のことをちょっと気味悪そうに見ながら、「いや、大丈夫です。もう、いいですから」と言って、〝刺された〟足をそうでない足のうしろにまわして、少し離れていかれました。もしかしたら私のことを〝病気〟のように感じたのかもしれません。確かに「ていねい過剰症」でした。

この「ていねい過剰症」を私は、そして私にそういうあだ名をつけた友人もおそらくは、思春期特有の自意識過剰のあらわれだと思っていました。恥ずかしがり屋のちょっと度がすぎたものだぐらいに考えていたと思われます。

いま思うと、これは、相手との距離のとり方がわからない姿です。つまり人に緊張し、人と素朴につきあえない姿です。見た目には相手のことを心配し、相手を大切にしているように見えますが、実は、おびえている姿です。そうです。私はずっと人におびえながら生きてきた歴史を持っているのです。

「気配り」は必ずしも「やさしさ」から出るものではありません。「恐怖」から出ることもあります。相手を怒らせないように、どなったりさせないように、殴らせないように、オドオドと気をつかい、ビクビクと顔色を見ることが、人によっては「気配り」に見えることがあるのです。

いつきげんが悪くなるかわからない父に、私はとても気をつかいました。酔っているときは、一分でも早く眠らせようと、母といっしょに気をつかいました。父のいびきが聞こえたとき、どんなにホッとしたか、五十年たったいまもはっきり覚えています。

私は子ども心に油断してはいけないと思っていました。父のやさしい一面にホッとして、つまりちょっと油断して甘えたら、ほんのちょっとしたことでいきなり拳固が飛んできました。

何度も何度も自分に言い聞かせました。安心してはいけない、用心しなければ、信じてはいけない……。

そして一時期、人を「信じる」ということばの意味を見失っておりました。それは、どんなときも私を守ってくれると思っていた母を「見失った」体験に根ざしています。

暗闇の恐怖感、孤絶感

父の暴力に耐えかねた母は、ある夜、私と生まれたばかりの妹をつれて、家を出ました。家出というほど形のあるものではなく、とりあえずその暴力の場から逃げるといったもので、考えてみれば世間からは「強い」と言われた母の生き方そのもののような「とりあえずその場から離れる」といったものでした。

もう日付が変わるほどの深夜でした。南国高知でも西端にある中村市は盆地で、冬は寒く、雪もよく降りました。高知市に十歳で転居したとき、冬に雪が降らないのにびっくりしました。中村市はいまでこそ四万十川で有名になり、観光地のひとつになっていますが、私が生まれた戦後間もないころは、列車もない、足摺岬ほどの景勝地もない、あるのは古い人間関係とそれにまつわるほんとうかウソかわからない因縁話と、夏は暑く冬は寒い盆地特有の息苦しさのみでした。

ただ、こういう思いはおとなになってわかってきたことで、子ども時代は、家庭は暗かったけれど、どこまでもつづく清流四万十川に救われていました。そして川が荒れた日は代わりに迎えいれてくれる、ヤマツツジの花やヤマモモの実がいっぱいの山々がありました。体中で自然を感じることのできる、いま思い出しても美しく澄んだ空気の里山でした。

冬の夜、私はその夜の父の様子は記憶にありませんが、赤ん坊の妹をねんねこ袢纏《はんてん》でおんぶした母に手を引かれ、私もヨチヨチ歩いて夜中に家を出ました。振り返ったわが家の障子には灯がついていて、その中に、酔って目がすわり、まっ青な顔でまわりをにらむ父の姿を描いていた記憶があります。その夜も父は暴れていたのだと思います。そうでなければ母が家を出ることはないからです。

二歳下の妹が赤ん坊だったということは、私は三、四歳だったでしょう。そのころの記憶はほとんどないのに、この夜の記憶はまるで一枚の絵のように鮮明に焼きついております。

家を出て一〇メートルも歩けばもうまわりはまっ暗です。街灯なんてものもあるわけもなく、山と山にはさまれた道を母が踏む音、ザワッ、ザワッという砂土の音だけが、そのいつもの道を歩いているのだとわからせてくれるだけでした。この道をずっとずっと歩いて中村の街に出て、またずっとずっと歩いたらおばあちゃん（母の実家）の家に着く、そこに行くのかなと思いました。懐中電灯なんてしゃれたものもなく、提灯をともして歩くほどの昔でもありません。きっと用意もなく飛び出したのでしょう。母は時々すすり泣いていました。そのときの体のふるえが握りしめた手から伝わってきて、私は母の哀しみが私の体全部を満たしているような感じを抱いておりました。

まわりにポツリポツリと家もあるはずの道ですが、深夜のこと、みんな灯を落としております。ただまっ暗でした。川からの風が時々ザザーッと山の木々や竹ヤブの笹を鳴らしていました。私はこの、夜の風が大の苦手です。学生時代、友人が山に旅行に行こうと誘ってくれて、山小屋で聞く夜の風の音が何ともすてきだと言ったとき、私は迷わずその誘いを断ったものでした。

しばらく歩いていて、私は強い寒さを感じました。きっと父が帰ってきてまた暴れ始めたとき私たちはもうふとんに入っていたのでしょう。私は寝まきであるネル（フランネルの略）の着物の上に、外出用のトッパー（短い上着）をひっかけているだけ、素足のまま下駄をはいていました。足元の方から寒さがはい上がってきて、胴ぶるいも起きていました。歯の根も合わなくなって、不安と恐怖も重なり、全身がカタカタとふるえていました。

とうとう耐え切れなくなって

「お母ちゃん、ひやい（寒い）」

と言いました。母は初めて気がついたふうで、パタッと足を止め、私の姿を見て言いました。「もう、なんでそんな薄着で出てきたかね。早う帰って、ねんねこでもとってきなさい」――母の声には私がさらにこわくなるイライラした感情と怒りがこもっていました。言わなければよかったと思いました。ここからあのまっ暗な道を帰るなんて、だいいち道はどっちにのびているのかもわかりません。月明りも星明りもないようでした。モジモジしていると、母は私の手をサッと離して、ザク、ザクと音を立てて行ってしまいました。

一瞬、何が起きたかわかりませんでした。さっきまで握りしめていて、母の体温が伝わっていた手のひらに冷たい風がサッと吹き抜け、ひときわ冷たく感じられました。私はカッと血がのぼり、頭がボーっとしました。母が消えた方を懸命に見つめますが、何も見えません。うしろを振り返っても、やはり、何も見えません。自分の体が暗い中でポッと浮いたように感じました。

お母ちゃんはねんねこ袢纏をとってこいと言った、けど、家には、いまお母ちゃんが妹を背負って着ているねんねこ袢纏しかないはず、どれをとってこいと言うのだろう、お母ちゃんも頭がどうにかなってしまったのだろうか、どうしよう、どっちに行けばいい、寒い、こわい、どうしよう……そして私は、火がついたようにワッと泣いたのです。

すぐ母が戻ってきました。近くにいたのでしょう。母は
「ごめん、ごめん、ねんねこはこれしかないもんねー」

と言って私を、前のひもをほどいたねんねこ袢纏の中にくるみこんでくれました。その中の暖かかったこと、眠っている妹の足に母が編んだクツ下があって、その毛糸が鼻にあたってチクチクしたこと、ガタガタふるえながら母の下半身に抱きつきながら、そんなこと

を感じておりました。
母は、まるで、すべて終わったかのような表情で
「さあ、帰ろう」
と言いました。私は
「どこへ?」
とききました。母は笑って
「家しかないやろ」
と言いました。私は、母の手に再びすがりついて懸命に歩きながら、奇妙に「裏切られた」ような気がしておりました。
その後のことは記憶にありません。この中で五十年以上たったいまもはっきり覚えているのは、母が行ってしまって、まっ暗い中に残された、おそらくあの数分間のことだけです。あのときの恐怖感、孤絶感は、いまも後遺症として残っています。
私はいまでもまっ暗な中では眠れません。サァ寝ましょうと言って電灯を消されると、暗闇に向かって目を見開いてしまいます。眠ろうと努力すればするほど眠れなくなって、朝までまんじりともせず、なんて経験があります。その一点で、〝元気〟な人たちとの団体旅行は大の苦手です。学生時代の修学旅行も苦手でした。どうしても行かなければなら

ないときは小さな懐中電灯を持ち、ふとんにもぐってそれを灯して本を読んだりしました。

一番つらかったのは、夜まっ暗だと眠れないと言うと、それはワガママだと言われることです。電灯つけっぱなしはもったいないことだから、つけっぱなしでなければ眠れないと言われたらワガママに見えることもわかります。私は何も大きな灯りをつけっぱなしでと言っているわけではありません。小さな灯りでいいのです。ただ、まっ暗はイヤだと言っているのですが、時々、そういう私に「なぜ?」と問う人がいます。ここまで書いてきたようなことを逐一説明するわけにもいかず、「うーん、どうしても……」と、答えながら途方にくれることもありました。

この体験から、他の家の子どもたちと旅をして、その子が「暗闇では眠れない」と言ったら、「あ、そう、じゃあ、明るい部屋と暗い部屋を作ろうね」と言えるようになりました。その子の体験のつみ重ねでその子のいまのことばがあるのに、私たちは子どもの育った歴史を軽視しがちです。もっとひどい場合は「暗いと眠れない」と言う子どもを、眠るための〝シツケ〟も受けていないと論評する人さえいます。こんな言い方を文字どおり「何もわかっちゃいない」というのだろうと思います。

それと、多くの人と旅をしたりするとき、「暗い中では眠れない」ということを、私自身はとても恥ずかしいと思っていることが、なかなかわかってもらえません。私自身は、楽しく旅をして、いっぱい元気にしゃべって食べて、夜は誰かが「サァ、寝ましょ」と電灯のスイッチを切って、数秒後には誰かの寝息が聞こえる——そういう人たちを心からうらやましく思っているのです。しかし、そういう〝健康〟を持ち得ていない人もいっぱいいる、そのことが伝わらず、苦しいです。

子どもが「捨てられた」と思ってしまう一瞬

後遺症の二つ目は、このできごとから二十数年間、人を信じることができなくなったことです。正確に表現すると「人を信じる」ということばの意味がまったくわからなかったのです。

父の暴力におびえながら生きる毎日でも、その父の盾になり、親鳥が小鳥を羽で包みこむように守ってくれる母がいたから、何とかやれていたと思います。しかし、この夜、私はその母からも捨てられたと思いました。ほんの一瞬のことでしたが、幼い私にとってはとても永い時間でした。自分の居場所もわからず、どうしていいかわからない状態に放置された記憶はあとにも先にもこのとき一回です。なぜなら、この夜からあとはずっと、私は放置されないように、用心して生きてきたからです。

私はアンデルセンの「ヘンゼルとグレーテル」という本を、たった一回だけ読みました。二回目から開く気にもなれませんでした。捨てられそうになったヘンゼルがポケットに小石をいっぱいつめて、帰りみちがわからなくならないように、その小石を一つひとつ落としていく場面で、私は頭が痛くなりました。「わが身に置きかえてつらくなった」わけではありません。私は幼稚園のころ、ヘンゼルとまったく同じことをした記憶があるのです。

あるとき、母が言い出して、どういう理由かわかりませんが、当時自分が住んでいた地域からずいぶん離れた地域の保育所に通ったことがありました。遠い上に、その保育所は山の上にあって、長い石の階段を登らなければならず、その石段には「住みこみ」のヘビもいて、とてもこわい道でした。

そこに行くことになった前日、私は、自宅の裏山に米粒よりも小さな水晶がとれる崖があったのですが、そこに行って特有の石ころをいっぱいひろいました。祖母が縫ってくれた布の袋にそれをいれ、翌朝、母につれられて、妹の手を引いて家を出て、私にとって未知の道に入ったころからその石をポツリ、ポツリと落としていきました。

もちろん保育所が終わるころには母が笑いながら迎えに来てくれて、石をさがしながら帰ることはなかったのですが、その石を用意した五歳ぐらいの自分の体験はあまりにもつらいもので、誰にも言えることではありませんでした。そして「ヘンゼルとグレーテル」

は私にとっては苦しい本になったのです。

なぜあのとき私は小石を用意してしまったのか、捨てられると思ってしまったのか——それがあの夜の道のまっ暗な中に放置された恐怖の後遺症でした。甘く考えちゃいけない、いつどんなことがあるかわからない、母であっても安心するな、独りで生きていかれるようになるまで、私はずっと心の底にそんな警戒心を抱えていました。それをいつしか用心深い「性格」だと自分でも思い、ものごとに対し「完ぺき」に準備する私をまわりの人が、おもしろいことに父母までが、「完全主義」の「優等生」と言ったのです。

あの夜、あのまっ暗な中で、私の母は、寒がる私にイラついていました、それは私の確信です。母に確かめたわけでもありませんが、当時の母の年齢も越す年齢に自分もなって、子どもも育ててみて、私にはわかります。あのとき、母は、グズる私にハラを立てたのです。

いま思えば母の苦しみも哀しみも想像はつきます。軍人が一番力を持っていた時代に、遠縁にあたる海軍の制服を着たハンサムな男（信じられないことですが、母は「軍服を着た男は立派に見えた」と言いました。私はどんな意味でも「制服」は大きらいです）と見合いし、結婚し、戦争中にも砂糖も石けんも不自由なく手に入る生活をし、うまく生きているつもりだったでしょう。

しかし母に言わせると「時代が悪かった」のです。戦後、世の中の価値は一変しました。その中で父は苦しみ、酒に逃れ、社会運動に参加はしたけれど、それまでの生活を深く反省するわけではないから、体質としては軍人の方法しか持ち得ていませんでした。すぐ暴力を振るいます。

世間に「勝つ」ことが一番だった母は悔しかったでしょう。それまでが「よかった」からなお一層悔しかったでしょう。夫の暴力をひた隠しにし（でもまわりはみんな知っていましたが）、夜中に逃げることも近所には黙ってでした。かといって逃げて行くところもなく、幼い子を抱え、結局は泣きながら夜道を歩いて帰るしかなかったのです。当時小学生だった兄は、このときどうしていたのでしょうか。考えてみれば不思議です。もっとも父は、「長男である」兄はあまり殴りませんでした。女・子ども、特に女の子は殴ってもよかったのでしょう。「いずれ他人のモノになる」（父のことば）存在だから。

この生活の中で、母はじっと耐えていました。離婚するでもなく、強く言い返すでもなく、酔いがさめた父を無視して口をきかないぐらいの、私から見るとはかないほどの意趣ばらししかできなかったようです。

夜の道を歩いていて、自分の苦労に涙が出て……そんなとき長女がグズりました。カッとなって、あのとき、私の母は、私を、いじめたのです。四、五歳になるかならないかの幼い子どもが帰れるはずもない道のり、暗闇、あるはずのないねんねこ袢纏のこと、そして握りしめていた手を無理に離して放り出したとき、その瞬間、母は、妙に胸がスッとしたはずです。

もちろん私の母は子どもを虐待したこともなければ、どちらかと言えば過保護と言っていいような母親でした。母の庇護がなければ、私たち兄弟はどんな人生を歩んでいたかわかりません。父は家庭生活を営める人ではありませんでしたから。しかし、そんな母でも、自分が苦しいとき、わが子に向かってついイラだちをぶつけてしまうときはあるということを言いたいのです。そしてその「つい」ぶつけてしまった瞬間を、一生の思いとして抱えて生きてしまう子どももいるし、状況もあるということを伝えたいのです。

私はこの数分間捨てられた体験を、とてもつらいものに感じています。母にそうされても父がいればよかったのですが、子どもが「捨てられた」と思ってしまう一瞬というのは、その人しかいない、たったひとりの安心できる人に捨てられたときなのです。父にはとっくに捨てられていると思っていたので、「母に捨てられた」と泣く子どもに「お父さんがいるでしょう」とか「おじいちゃんもおばあちゃんもいるし……」ということばは、決して慰めにはならないことを伝えたいです。慰めどころか、「何もわかってくれない」という思いを子どもは抱きます。たったひとりしかいない人に捨てられたというときは、その子の気持ちの背景はこっちにはわからないのだから、とりあえず抱きしめて、話をただ聴いてやってほしいと、私は思います。

断れない

ここまで書いてきたことの中で私が考えてみたいのは、どこまでが持って生まれた「性格」で、どこからがその後の生活、特に親との生活の中で身につけたものなのかということです。「性格」がどこまでの範囲を指すのか、「気質」「傾向」とどう違うのか、「遺伝」はあるのかないのか、考えれば途方にくれるような大きな問題です。「性格」というものを決める胃とか肝臓のような臓器があるとも思えませんから、自分の「性格」がどこから来たのか考えるなんて、私には重すぎる課題です。だいいち、自分の「性格」自体が私にはよくわかっていないのです。

本稿では、親に殴られて、殴られることは少なくてもおびえ、気をつかい、ビクビクする状況で育った子どもがどんな〝後遺症〟を持つのかを、自分をモデルに考えたいということです。そのために思い出すままに、現在も抱えている、私から見て「おかしい」部分と、かつて友人などから言われた「おかしな」「性格」について、思い出すままに書いてみました。その中からひっかかる部分をとり出して、現在の私が、自分の分析をしてみようと思います。分析の対象になるのはイヤですが、自分でやるのならどうせ中途半端に決まっていますので気がラクです。

一、「断れない」性分

たくさんの講演を引き受けるということは、しゃべればいいというものではなくて、その会場までこっちが出向いていかなければならないということです。首都圏の会場でも、たとえば群馬・千葉・栃木・神奈川の西部などは、午前十時からの講演に間に合わせようとすると、都内の自宅を午前六時に出ることも少なくないです。その中に九州とか北海道とか遠くの町が入ってきます。当然、移動の時間が必要です。一日中フル回転が三十日つづくという月もありました。

でも「好きな仕事をやれているのだからいいじゃない」と言われます。確かに、一応は「講師」で「先生」と言われることの多い私の仕事など、とやかく言えるものではないことはよくわかっているつもりです。ここで言いたいのは体力も顧みず、まわりへの迷惑も考えず、頼まれたら「断れない」私の性格について問題があるということです。

数年前、ある街で講演したとき、会場に早く着きすぎた（これも後述する、準備怠らない症のひとつです）ため、近くの喫茶店に入りました。コーヒーを飲んでいると少し離れた席から「アオキ・エツ」ということばが聞こえました。植木のすき間から見ると、二人の男性が向かい合っておりました。持ち物や服装から見て、どうやら講演会の主催者側にいる人たちです。私は顔を隠しました。もっとも私は顔を知られている方が少なくて、それはそれで助かっていますが……。

「アオキ・エツってさあ、絶対断らないんだよ。あれじゃあ、いつ原稿を書くんだろうと思うよ」

「うん、結局、アオキ・エツって、いい人なんだよね」

そんな話が聞こえました。恥ずかしくて、私が入れるような太めの穴があったら入りたいと思いました。

「前後がびっしりなんで、この日は休みたいのでかんべんしてください」と、講演を依頼してきた人に「正直」に言ったのですが、この「正直」がいけなかったのです。その日はもう埋まっていますと「ウソ」をつけばよかったのに、私はこの辺がとても苦手です。ついその日は「休みたい」なんて言ったために、依頼してきた人にしてみれば少なくともその日は空いていることがわかったわけで、「お疲れでしょうが、そこを何とか」、「○○さんからもよろしくと言われました」「みんな、楽しみにしているのです」

などと「責め」てくるのです。

あとで夫が怒るだろうな、そう思いつつも「じゃあ、何とか、がんばります」と言ってしまいます。相手の方はうれしそうに「ありがとうございます。みんな、どんなに喜ぶことか……」などと言います。確か、そんな経過があって、今日の会も、疲れた足を引きずって来たのではなかったか——。

二人の男性はしばらくして出ていかれました。私は胸の底に鉄のかたまりでも入ったような思いでじっとしていました。また、やってしまった、ああ、バカだ、バカだ、あのとき断ってもよかったのだ、口で言うほど私に来てほしかったわけでもなかったらしい、もしかしたら他の誰かに依頼していて、そっちがダメになって、私は穴埋めかもしれない、何という愚かな私、お世辞とは思いながらも、もしかしたらほんとうに私を待ってくれている人がいるのかもしれないと考えてしまった、「いい人」というのは「お人好し」ということだ、ああ、このまま帰ってしまいたい、そんなふうに考えて、冷え切ったコーヒーを飲みました。

もちろんその日の講演は「何事もなかった」ように終わりました。喫茶店でしゃべっていた二人の男性も「何事もなかった」ふうに会場の準備とかしていました。私も話が始まってしまえばその前のことなどすっかり忘れてしまいます。質問も次々出て、活発な会でした。

そして帰りみち、コーヒーを飲もうとして、先ほどのことを思い出し、その場で立ち止まってしまうほどドーンと落ちこむのです。なぜ私は頼まれたら「イヤ」と言えないのだろうか——。ずっとそのことは考えてきました。いま、結論として思うことは、「断る」のがこわいのです。

こわい理由はいくつかあります。

①相手の善意を傷つけるかもしれないという不安。

私のような者に、ここまで誠心誠意言ってきてくれる、ありがたいことだ、そんなにまで言ってくれるのに「断る」なんてできない、「断られた」人はどんなにかガッカリするだろう、そう思ってしまいます。

実際は、何も私でなくてもいいケースも多いのに、「私でなければ」と思ってしまう、これをウヌボレというのか、何というのか、ここが大問題なのです。一言でいえば、いい年をして「アホちゃうか」といったところでしょうか、「断った」あと、クヨクヨと、ああ私、あの人を傷つけてしまった、あの人怒ってるんじゃないかなあ、もう二度と私との縁は切れるんじゃないかなあ——などと考えてしまうのです。

②私に声をかけてくれるなんて、相手はとても私にとって大切な人ではないかと思ってし

まうこと。

もともと、私のような者（この言い方は私にとって、他の人が「私は」と表現するときと同じ位置で常に表現してしまうものです。最近はさすがにそういう言い方はしませんが、四十歳ぐらいまではいろいろな場面でこう表現していました）に講演（などという大それたこと）を依頼してこられるなんて、私はそれほどの人間でもないのに、恥ずかしい、けど「認められた」のかもしれない、それなら「ありがたい」ことだ――と思ってしまうのです。

③「断った」ら、私に仕事の話は二度と来ないのではないかと思ってしまうこと。

書いてみると、とてもバカバカしいことなのですが、実は一番の不安の原因がこれです。「次はないかもしれない」、そんな切羽つまった感情が、子どものころからずっと私の中にあります。これを「信じることのできない」性格というのでしょうか。

「生存の不安」

ていねいに、固く、一日中くずれないように、きれいなおさげ髪（三つ編みの）を結ってくれていた父が、ちょっとホッとして窓の外の動くものを見た私に、「よそ見するな」といきなり拳固でした。髪は結ってもらいたくない、ボサボサでもいい、心からそう思いました。小学校の六年生のとき、長かった髪を切り、ショートカットにしました。ラクになりました。

「いまここで気を抜いたら、次はやって来ないかもしれない」、こんな思いがほとんど強迫のように存在します。「断る」ことができない私の「性格」は「いい人だから」ではないのです。むしろ「疑り深い」人だから、「断る」ことのできない「いい人」を、「いい人」ということばの侮蔑性を承知の上で演じているのかもしれないと思います。

ただ、仕事以外のことでしたら私はとても率直に「断り」ます。同窓会なんて大きらいです。飲めないから、それを知らずに誘ってくる人にはきちんと「断り」ます。日常生活すべてのことに「断れ」ないというわけではないのですが、仕事は生きていくための大切な行為です。そこで「断る」と、私の中では生きていかれなくなるのではないかという不安につながります。オーバーでなく、生存の不安につながっています。

子どもが親に殴られたり、遺棄されたりすることは、そうです、まさにこの生存の不安につながる後遺症を残します。私が仕事を、どんなに体がつらくても、片眼が見えなくなるほど痛めつけながらも「断ら」ないのは、「いい人」だからではなく、幼いころの体験のせいかもしれないのです。

いまは、だからそれをイヤとかつらいとか、そういう思いはもう卒業しています。「分析」の結果、「断る」ことも少しですができるようになりました。基準は自分の体を守ること、体力を超えてまで引き受けるのは必要のないことだと、やっとわかったからです。

そして「断った」からといって、それだけで私を怒る人ももちろんいなかったし、私をそれだけで批判する人ももちろんいませんでした。考えれば当然のことですが、何でも引き受けることでのみ私は「許される」と思っていたことを、この体験から知り、自分のバカさかげんにイヤ気がさしました。何度も安心を拒否された体験を持つ人間が、何でも、誰でも、選択することなく受けいれていくことがあると本で読みました。私もそうだったようです。

「親」はそんなに立派なもの?――長崎の幼児殺害事件等から考える

親という、子どもにとって唯一「安心」を感じさせてくれる場がなかったとき、子どもは「安心」が保障する選択する力、それを奪われるようです。子どもが生き物として「まちがえない」選択をすることができるのは、「まちがえ」たとき何度も逃げこむことのできる場があって、体験として「大丈夫」かどうかを学習できたときではないでしょうか。

幼いときから、ひとりで、「まちがえない」ように生きなければならない子どもは、「まちがい」そのものの中でもみくちゃになりながら学習することになり、その中でいのちを落とすことも、深く傷つくことも、他人を傷つけてしまうこともあるのではないでしょうか。

もちろん子どもは「傷つきながら」成長していきます。あらゆる傷を一切つけさせないで成長させることはあり得ないことだと思います。ただ、親がおとなとして子どもを「安心」できる場に置いてやることができれば、少なくとも傷を浅く、小さなものにしてやることができるでしょう。「安心」できる場というのは、失敗してもしばらくは迎えいれてくれる場であって、まわりからの要求を「断っ」ても、その意味でひとりぼっちになってもしばらくは食べさせてくれる場という意味です。

「断る」ことができなかった私は、帰る場所を持ち得ていなかったから、ただひたすら引き受けるしかなかったのです。それは自分を相手より下だと位置づける、卑屈な姿勢にもなります。いまは夫や息子や親友や友人たちが、まわり全部敵になっても（つい、そういうふうに考えてしまうのもひとつの症状ですが）最後まで守ってくれると思える、そういう帰る場所を持つことができたので、私は「安心」して、自分のみを基準に「断る」ことができるようになりました。

子どもが、そういう場所を自分ひとりで見つけていくことは不可能です。親にその力がないときは、社会がその子の自立の日までその代わりをしなければならないと、自らの体験からも切実に思います。親は「完全」のはず、あるいは「完全」であらねばならないと言う人は多いですが、こっちの方がよほど非現実的です。

たとえば教育基本法「見直し」の答申には「家庭は教育の原点であり、すべての教育の出発点である。親（保護者）は、人生最初の教師として、特に、豊かな情操や基本的な生活習慣、家族や他人に対する思いやり、善悪の判断などの基本的倫理観、社会的なマナー、自制心や自立心を養う上で、重要な役割を担っている（後略）」という表現があります（答申第2章の2「具体的な改正の方向」の(4)の③「家庭教育」）。こんな親、現実にはどのくらいいるのでしょうか。めざして、なれるものでしょうか

また二〇〇三年七月に長崎市で起きた、十二歳の中学一年生男子による幼児殺害事件に関し、青少年問題担当大臣（当時）である鴻池祥肇氏は「少年犯罪の罰則は強化しなくてはいけない。（罪を犯した少年の）親は市中引き回しの上、打ち首にすればいい」（七月十一日午前の記者会見）と発言しました。

これらの状況から浮かび上がってくるのは、「子育ては親の責任」という論調です。確かに親にまったく責任はないなどと私も思いません。しかしこれらの流れの中の発言・思想等には「親だけ」に責任があるという意向が見え、それが重大な問題だと思うのです。「親だけ」に限ったことが問題というよりも、その考え方のうしろには「親」というものへのあまりにも大きな期待と希望があり、そしてそれは現実には完全に存在するものでは

ないことが問題なのです。

現実に存在し得ないものを掲げる法律、思想・発言はきわめて非現実的なものです。そういう意味では、「いまの子は非現実の中にいる」などとわかったふうに語るおとなの方が、よっぽど非現実な〝対策〟を言いつづけていると言えます。子どもは現実の中で追いつめられるから「非現実に見える」事件を起こすと、私は考えているのですが……。

「親」って何でしょう？　親になったとたんにそんなに〝立派〟な人間になれるのでしょうか。人生のとても早い時期に親になるのに、なったとたんに人格が一夜で変わるほど〝立派〟になれるのでしょうか。

また「立派な親」とは、どこから見て言うのでしょうか。子どもの側から見て言われることばでしょうか。

長崎の事件の少年は、一般的には「いい子」とされる子どもだったと報道されています。そういう意味では、事件までは「いい子」を育てた「いい親」だったのではないでしょうか。「いい子」に育ってほしいと思わない親はそういないでしょう。この長崎の少年の親ごさんも、「いい子」に「育てた」つもりだったと、私は勝手に想像しています。そして、この部分にこそ問題の根はあると思います。

要は「いい子」とはどんな子なのかを、深く考えることなく、学校の成績がよくて、親の言うことを聞く子であれば「いい子」と思ってしまうところにきっと問題はあるのです。そして、そういう親はこの国にいっぱいいます。ほとんど全員がそうだと言ってもいいほど、大半の親は「いい子」の基準を、「成績」「従順（素直）」に置いています。

ここにこそ、つまり、そういう価値観をよしとする〝教育〟が、いまの親たちが学校にいるころから行われてきたことにこそ問題はあると思います。かんたんに「社会が悪い」というのではありません。「金だけがすべて」という社会状況の中で、「トップになれ」という〝教育〟が要請され、それに「従順に」育った人たちが親になっていて、わが子が「いい子」か「悪い子」かを判断する基準が、「成績」と「茶髪・ピアス」しかないことが重大問題だということです。その意味では「社会が悪い」のですが、だからといって親の責任が免罪されるということではありません。親に悪いところがあったとすれば、子どもを追いつめる教育に気づかず、それを改めようと努力しなかった点だと私は思います。それは私も同じ責任を感じます。

そうです、親が悪いと言うのなら、成績と従順のみでわが子を「いい子」と思いこんでいたことが責任になります。ただ、そういう思いこみを反省し、子どもに勉強のみではない時間を保障し、ゆっくりとかつその子一人ひとりのペースで育ち合っていく場を作り上げていくことなど、どのくらいの親ができているのでしょう。自分の成績・従順をよしとする価値観が思いこみにすぎないこと、時代と社会の要求に流されてきた結果にすぎないことを自覚することさえ、とても困難なことです。

　だいいち、鴻池氏をやめさせないということは彼の意見が政府の意見ということですが、成績・従順をよしとする子育ての価値観を親たちに教え、それに適応する当時の子ども（いまの親）を育てたのはいまの政府の教育政策ではありませんか。現在の教育基本法第二条（教育の方針）の「教育の目的は、あらゆる機会に、あらゆる場所において実現されなければならない。この目的を達成するためには、学問の自由を尊重し、実際生活に即し、自発的精神を養い、自他の敬愛と協力によって、文化の創造と発展に貢献するように努めなければならない」（傍点筆者）と書かれています。しかしこの目的とは反対の方向に現実は進んできたではありませんか。

　暗記のみの成績重視は子どもの「実際生活」を奪い、従順をよしとする考え方は「自発的精神」をつぶし、そのために子どもが子どもともめたりケンカしたりなかなおりしたりといった関係づくりのチャンスを極端に奪ってきました。そのことは「自他の敬愛と協力」を奪いました。その中で「いい子」を要求し、いい点数をとることがそのまま〝立派な〟おとなになると言いつづけてきたのは政府・文科省のあるいは産業界の「現実的な政策」ではありませんか。

その張本人がいまになって、そのひとつの結果としてあらわれた子どもたちの悲鳴を指弾し、その責任をすべて「親」に押しつけようとしています。その卑劣な姿勢は、私は、看過できません。卑劣という感覚的な表現以前に事実認識にまちがいがあるから、何としてもモノ申していくしかありません。

「親」って、そんなに完ぺきな存在ではありません。私の親のように、〝立派〟でありたいと努力はするけれど、いつも自分の育った時代、社会よりも先に生きる子どもを「育てる」わけだから、その意味ではいつも子どものことがわからないという思いを抱えています。「親」は不完全な存在、そう位置づける方がよほど現実的です。だから戦後の教育がめざしたのは、どんな「親」の子もやって来る公教育の場で、さまざまな人に育ててもらうチャンスを作ることであり、それは非常に短期間ではありましたが、一定の力を発揮しました。

しかし一九六〇年代に入ると、「多様化」という名で成績競争が激化し、成績競争はそのまま金持ち競争と重なった流れに、まず当時のおとなたちがなだれこんでいきました。そのころ生まれたいま三十五歳から四十五歳ぐらいの人たちは、「負けるな、根性」と尻を叩かれ、心の底の底に「〝みんな平等〟は正しい。人は差別してはならない。しかし現実は厳しい。負けたらおしまいだ」という、いわば裏と表がくっきり分かれた思いをつみ重ねておとなになってきた傾向はあると思います。その人たちがいま「子育て」をしています。「いい子」の価値を、自分が育ったころの価値基準で計ること、無理はないと、私は思います。

その「親」は「市中引き回し」にされなければならないのでしょうか。だとしたら、ほんとにカミソリの刃ほどのスレスレのところで子どもが〝事件〟を起こさずにすんでいるケースが山ほどあるのですが、その親たちは「正しい子育て」をしてきたとすまして言えるのでしょうか。

私の育った家庭など、ほんとにスレスレでした。私自身、自殺をずっと考えていました。自殺を子どもが考えるということは、他人の生命も見えていないということです。もしかしたら〝事件〟を起こしていたかもしれません。小学校高学年から中学生時代、心の中は荒れ狂っていました。そしてもし私が〝事件〟を起こせば、私の両親は「市中引き回し」にされなければならなかったのでしょうか。

私は〝事件〟を起こさずにすみました。しかし、親のおかげでは必ずしもないこと、ここに書いてきました。先生や友人といった「社会」の関係で救われました。何より自分の親を客観視し、その苦しみも含めた上で考えられるようになったのは、この「社会」の力だと思います。〝事件〟を防いでくれたのは、親ではなく「社会」だったということです。

二、準備怠らない症

一の「断れない」性格が、いつも自分の方を〝下〟に置くところから来ることがわかりました。「断る」という行為は少なくとも対等な立場のとき可能なわけで、自分を卑下して「私なんか」「私のような者が……」などと考えている人間には、とても「断る」ことができないこと、考えて、わかってきました。つまり「断れない」性格は私の持って生まれた性格というよりは、否定されてきた子ども時代がもたらしたものだったらしいということです。

では、どんな場面にもきちんと、オーバーなまでに準備してしまう「準備怠らない症」はどこから来たのでしょうか。結論から言ってしまえば、それは親の気まぐれからです。正確に言えば、しょっちゅう気分が変わる、親の「性格」からです。

気まぐれとは広辞苑によれば

「定まった考えがなく、その時々の気分で心が動かされやすいこと。また、その時々の思いつきで行動するさま」

だそうです。私の父母の場合はここで言う「気まぐれ」以前でした。「定まった考えがなく」というのは当たっていますが、それほどの「気分」でもなく、コロコロと気持ちが変わりました。特に父がその傾向が強く、その気持ちの変化が子どもの私には、当然のことながら、まったく読めませんでした。

　幼い子を育てている若い夫婦から

「親があるときは叱り、あるときは同じことをしても叱らないなど、気まぐれな対応をしていると子どもに悪い影響があると聞いたのですが、どうやればいいのでしょうか」

という質問が時々あります。私はだいたい、こう答えます。

「子どもに『人のモノを盗んではいけない』と言っておいて、別のときは『盗んでもいいのだよ』などと言ったら混乱するでしょうが、昨日は『どうしていつも兄弟ゲンカするの』と怒っておいて今日は、『兄弟ゲンカもたまにはいいよ』と言うのを、悪影響とは思いません。親も人間ですから疲れているときは〝許せない〟と思っても、余裕があるときは〝ま、いいか〟というときもあります。いつもいつも同じ対応をしなければと肩に力をいれると、逆に子どもにイライラしたりしますよ」

　ちゃんとした答になっているのかなと不安になりますが、こういう質問に出てくる気まぐれと、私の父の気まぐれはまったく違います。同じことで怒ったり怒らなかったりなどという気まぐれは、そのことに気づいているだけ、私に言わせればとても愛情深い気まぐれです。妙な言い方ですが、私の父の気まぐれは、私と父の親子の関係を、そのつど断ち切ってしまうようなものに思えました。

忘れられないエピソードはいくつかあります。たとえば、こんなことがありました。中学生のころでした。前後ははっきりしませんが、遅く起きてきた父が洗面台で顔を洗おうとしていました。そのころ父は何度目かの失業をしていて、母が働いておりました。父の失業は会社勤めをやめて、といったものではありません。田舎にいくらか残った田畑山を次々と売りとばしては〝事業〟を起こし、他人に欺されては〝失業〟しておりました。大きな借金は少なかったのですが、〝失業〟のたびに債権者が現れて玄関で長時間ねばり、私は胸がドキドキしました。

その父が着物のまま洗面台に手を伸ばしました。私はとっさに「濡れる」と思い、着物の袖口を持ちました。次の瞬間、目から火花が飛びました。まっ青になった父が

「よけいなことするなっ」

と叫んで、私の頭を横から殴ったのです。口の中がジーンとしびれ、頭はボーっとし、涙がにじみました。悔しさとかの情緒的な涙ではなく、物理的な「痛さ」に反応して自然ににじんだ涙でした。何が起きたかわからない私に、父はどなっていました。

「お前まで、俺をバカにするか――」

私はこのとき、バカにした覚えはないとか、なぜ殴るのかなどの反論、疑問は一切心の中に浮かびませんでした。ただ呪文のようにくり返し考えていました。

「また……バカだった。よけいなことをしてしまった。私は、何回、同じことをやれば気がつくのか。父には一切、気持ちを向けてはいけなかった。バカだ、バカだ。知らん顔していればよかった。私はそれが苦手で、つい気をつかってしまう。そして殴られる。もう二度と失敗しない。全神経をそっちに向かって張りつめる。もっときちんと準備しなければ……」

これが「関係を切る」気まぐれの意味です。何度も何度も思考停止になる暴力を受けていますから、「なぜ、そんなことするの?」とか「私のどこがいけなかったの?」と問うていくことにウンザリしていきます。人との関係は、何かされてそれが「不当だ」と思うこと、そしてそれを「なぜ?」と表現することを意味します。そういう気をなくさせる気まぐれは、関係を切ってしまうものになるのです。

いまから思えば父は明治時代の生まれの人ですから、「男として一旗揚げる」ことに価値を置いていたのでしょう。先祖が残してくれたわずかの田畑があったこともよくなかったのです。まるで失敗するための事業のようでした。現実の生活は母が支えています。おそらく屈辱感もあったと思います。イライラして私に当たったのでしょう。

この、父の心の中の妙に屈折したコンプレックスと言えばいいのか、自分をダメな人間だと思いこんでいる弱さが、子どもである私にとっては恐怖の気まぐれになったと思います。子どもですから父がコンプレックスを抱えているなんてわかりません。コンプレックスの意味すらわかりません。だから、よかれと思って慰めたり励ましたりすると、それは全部、自分を「バカにした」ことになるのです。ほんとに難しい人でした。

妹と二人でテレビを見て笑ったとき、うしろから拳固が飛んできたこともあります。二人とも同時に殴られました。

「俺をバカにして笑った」

と言うのです。私は「そうじゃない」と言う気もなくなっていて、自分の部屋に逃げました。父のいる場所に居たくない、心からそう思っていました。

この、いつ爆発するかわからない父の感情に、私は万全の注意をしました。その結果、高校二年生のときを最後にこの〝気まぐれ〟をモロに受けることはなくなりました。そしてそのことが、父への対応以外でも、私に万全の準備をする「性格」をもたらしたのではないかと思っています。

私のことをきちんとした「性格」の子だと、おかしなことに、父母も思っていました。私は実際はきわめて大雑把で、完全主義とはほど遠い、いいかげんな人間だと思うのですが、そのことは四十年来の友人も、三十年近いつきあいの夫もよく知っているのですが、一番わかっていなかったのが親でした。

あるとき、いいお天気で、山のように干した洗濯物を部屋のまん中につみ上げてセッセとたたんでいました。父母と同居中で、私の息子がまだ幼稚園でした。私は片づけるタンスの場所ごとにどんどん分けて、次々とたたんでいきました。ふと見ると母が私の手元を見ていて、びっくりしたように言いました。

「あんたがそんなにいいかげんなたたみ方をするとは思わなんだ。何でもきちんとする子だと思っていた」

そして母はそれ以来何度も何度もそのことを他の人に言いました。私が必ずしもきちんとした人間ではないという話題になるといつもこの、洗濯物のたたみ方が母の口から出ました。枚数が多くないのですぐ使うことになる、だから洗ったものとそうでないものの区別さえつけばそれでいい、そう考えるのが私なのですが、きちんとした「性格」の人は、洗濯物のたたみ方まできちんとしているはずと、母に思わせたようでした。

私の父はその人生そのものが実にいいかげんなものでした。何一つ「きちんとしたもの」など築くことなく亡くなったと私は思っています。別に「きちんとした」など残さなくたっていいんですから、そこに評価を交えて言っているわけではありません。世間で言うように立派な会社を残したわけでも、大きな家を建てたわけでも、なかのいいすばらしい家族を作ったわけでもありませんが、父の人生はひとつの時代の、典型的な庶民の人生だったとは思います。ただこの父が洗濯物をたたむのだけはとても上手でした。ピシッとたたむのです。

幼いころいっしょに暮らした私の息子が、祖父である私の父から唯一もらったものが、この洗濯物をたたむ技術です。いまは忙しいからでしょう、息子も衣類をハンガーにかけっぱなし、ベッドの上に投げっぱなしですが、きちんとたたませると実に上手です。衣類の縫い目と縫い目を合わせ、襟を前に、きちんと仕上げるのです。

父のこの技術は、海軍で十六歳の少年兵のときから仕込まれたもののようです。よく「体で覚えさせられた」と言っておりました。

この話でおかしいのは、洗濯物をきちんとたたむことがそのままきちんとした人生を意味するわけではないということです。暴力で「仕込め」ば、それは技術として身につくこともあるでしょうが、そういった技術の修得のしかたそのものがその人の人生に別のコンプレックスを残すわけです。私はそっちの方が、よっぽどこわいと思っています。

洗濯物だけをピシッとたたむことができて、他の人間関係は全部壊し、親子でさえ話もできなくなっていく父の人生――私は妙に悲しいと思っています。そしてそれはそのまま、軍隊というものが持つひとつの性質を父が体現しているようにも思えてなりません。

こんな父に〝備え〟ることが私の「準備怠らない症」の原因だったのではないかと、いまは思っています。どこから、いつ、何が飛んで来るかわからない、だから、どんなときにも対応ができるように準備しなければ――それがひとつの原因となったのでしょう。そういうおびえが、子どものころに体験としてなかったら、ここまで「準備怠らない症」にはなっていないと思います。

そして、そういうふうに考えるとき、私の胸はチクチクと音を立てるほどつらいきしみ方をします。もし、幼いころ、あそこまでおびえることなく育つことができたら、もし、幼いころ、あそこまで頭の中がまっ白になる恐怖の時間を持たないで育つことができたら――そう思うと居ても立ってもいられなくなります。のびのび育つとはどういうことか、私はわかります。現実にのびのび育っている人はその意味を知らないことが多いようですが、私はわかります。私とは反対の「性格」を持ち得るからです。

イヤなことはイヤとはっきり断ることができて、でもそれできらわれもせず、初対面の人にも「ていねい過剰」にならずにサラリとあいさつできて、特に「準備」しなくても、どんな場面にも機知と愛情でにこやかに対応できる人――ここまで書いてきて、でも、こんな人どのくらいいるだろうと思いました。

いまさらこんなことでつらいなんて言ってられません。私は、私の生まれた土地と家庭の条件の中から育ってきて、そのことの意味を考えつづけてきました。そして、その中から得たものをひとつの力にして、自分は何を為すべきか、どう生きるべきか考えつづけてきました。そんな中でいまさら自分のことがわからないというわけでもないからです。

おびえて生きた幼い日のことも、恐怖で頭の中がまっ白になった時間も、ここに書き記すことで、こんな体験をせざるを得なかった子どもを助けるために役に立ててもらえればと思うことで、生きた体験になります。私は、そういうことを書いてくださいと言ってくれる人たちによって、自分の負の体験（だと思っていた）を、意味ある体験に作りかえてもらったと思っています。これが人に助けられる、人との関係で救われるということばの真の意味ではないでしょうか。

いま、父を「好きか?」と問われたらノーと答えます。しかし「恨むか?」と問われたら、やっぱりノーです。恨むとか憎むとかの感情はもはやないと言い切ることができます。ただ「そういう父の苦悩も理解できます」なんてことは、とても言えそうにありません。「理解」したくもありません。

三、どなられることへの恐怖

これはもう言わずもがなでしょう。幼いころからどなり声におびえ、ビクビクしながら生きてきたから、いい年をしたいまになっても、どなられることに強い反応を示してしまうのです。どなられることに恐怖する理由というより、過剰なまでの反応をしてしまうことがちょっとつらいことをここでは書こうと思います。

①どなり声は体にひびくこと

夜中、道路を酔っぱらって大声をあげて歩く人がいます。時には夫婦なのでしょうか、男と女が、どちらもやはり酔っているのか、大声でケンカしながら歩くときもあります。私はそのたびに目が覚めます。若いころは、そういう声を聞いたとたんにガバッとふとんをはねのけて起き上がっていました。いまやっと、ふとんの中で目が覚めるだけになりました。

とくに男の人のどなり声にびっくりします。次いで女の人の叫び声に胸が締めつけられます。人が床に投げられたような、倒れたような、ドンッという音も体を固くさせます。これらは全部、幼いころ、ふとんの中で恐怖にふるえながら、時には両耳をふさぎながら、泣きながら聞いていた「音」です。どなり声を聞くたびに目を覚ます私に、夫は気づいたときは

「大丈夫、酔っぱらいだよ」

と言って、すぐまた眠ります。

実はこのことば、私には何の慰めにもならないのです。そして、それを慰めになると信じている夫に、夫と私との体験の違いを感じて、うらやましいという感情を抱きます。うらやましいがすぎると、悔しいになります。そんなとき、私はイライラと

「そんなこと、わかってるわよ」

と言い返してしまいます。ここにもまた、自分の幼児期への未練が顔を出し、そのことにまたイライラしてしまいます。「いい年をして、何をひっかかってるんだ」と自分に言い聞かせます。

もう何十年も前のことをいつまで抱えているんだ、何をひっかかってるんだ、この私のしつこさは何なのだ、ちっとも前向きに生きられないではないか、私って、やっぱりダメな人間なのだ――たったひとりの酔っぱらいの大声に、数十メートル離れた小さな建物の中で、こんなふうに考えて、朝まで眠れなくなる人間もいるのです。そして私は、自分のそういうところが長い間、大きらいでした。

いま思うことは、これらのことは〝精神力〟でどうなるものでもなかったのです。「眠りから覚めて、そのまま眠れなくなってしまう」という、身体にかかわるできごとだったのです。それを私は、自分が「しつこい性格」だからとか、ダメな私とか、がんばらない自分にハラを立てていました。ずいぶんがんばって生きてきたと、こうして書いてみると

よくわかるのに、私はさらにさらに、がんばりが足りないと思っておりました。何よりも、自分を好きになれませんでした。

　どなり声は、やはり暴力です。だからといって、思わずカッとなってどなった人を否定するつもりはありませんし、自分でも一度やってみたいと思います。そう、私は、他人にどなったことが一度もありません。だから時々、大声でどなることができたらどんなにかスカッとするだろうと思うことはあります。お酒も一滴も呑めませんので、酔っておだをあげたこともまったくないのです。子どもにもどなったことはないと思います。やはり、どなり声がこわかったからでしょうか。

　どうも、そう単純なことではないようです。どなり声は私にとって体にひびくことだと言いました。自分が何かを表現するということは気持ちとか頭で考える領域のことだから、身体にかんすることは、関係ないと思っていました。

　しかしこれは私をとても不自由にしました。体はカッカッとして怒りに満ちているのに、頭とか気持ちがそれを何としても抑えこむのです。そんなとき、体からしぼり出すように出てきたのが涙でした。この涙は熱いです。物理的に熱を持っています。怒りから出た、というより怒りを抑えるところから出た涙は熱いと知りました。怒りではなく、映画「寅さん」を観たときの笑いからくる涙は、気持ちを涼しくすると知りました。このとき、怒りを抑えた故の涙は熱いのだと、その違いを認識しました。

幼いころはこのときの涙を両親に注意されました。父は「泣くな」と言ってさらに殴り、母は「あんたは何でも泣く」と言いました。小学生のころ父母が私のことを「困ったもんだ、あんな泣きみそで……」と話しているのを聞きました。

おとなに近づいていくということは泣けなくなることでした。しかし家庭の状況はちっとも変わっていません。その中で私が身につけた技術は、怒りや悔しさを、顔では笑いながら、頭の中をカッカッと通りこして、頭のてっぺんから気体にして抜くという技術です。ほんとにつらいとき、いままで二、三回ですが、私はこれをやりました。

実際に頭のてっぺんからガスが出ているわけではもちろんありません。ただ、怒りの表現は身体にかかわることだったから、それをどなり声とかモノを壊すといった形で表現できないとき、私はそうするしかなかったし、そうしていると身体が実感していました。いっそ暴力として出せたら、大泣きすることができたら、どんなにかラクだろうとは思うのですが、そんなことしたら私はもう二度とその場に居られないと思うから、できませんでした。

感情は、ほんとの感情は、表現したらもうおしまいになる、そう思って四十歳ぐらいまで生きてしまいました。感情を、しかも怒りとか悔しさとか、人間関係にとって「負」の感情を出さない子どもです。おとなから見ると「何ていい子だろう」になったこと、いまは明確にわかります。

「いい子」が、思いっきり自分の感情を出したとき、それが「自殺」だったり「殺人」だったりする事件が相次いでいます。理由は何であれ、子どもが「この感情を出すときは死ぬとき」と思いこんでいるひとつのあらわれであって、私はそのときの気持ちはわかるような気がします。自殺はもちろん自分のいのちを断つこと、殺人は他人のいのちを断つことで社会という〝舞台〟からおりること、どちらにしても子どもにとって、自分のまわりとの関係を断つという意味では同じなのではないかと、私は思っています。

どなり声を恐れることからここまで考えを進めてきましたが、私がどなり声におびえることで一番困ったのは、自分がどなられた瞬間、思考停止になってしまうことでした。思考停止になったら困る仕事をしていますので、これが一番困ることでした。

他人をどなる声でもびっくりしてしまうのに、直接自分がどなられると、びっくりを通りこして、頭の中がまっ白になります。そんなとき「冷静になれ」「いつまでそんなことにひっかかってるんだ」と、自分を叱る声がワーンとひびいてくるから、なおのことつらくなります。そして気がついたら、どなられないように万全の用意をする、となっていたのです。

二〇〇三年のいま、これらのことはどうにか卒業しています。いまは、どなられるとウンザリするというのが正直な気持ちです。なぜ、どなるという形でしか表現できないのだろうと、相手の〝弱点〟を見てしまうから、またそれをかばいながらモノを言うようになる、それがウンザリの中身です。

知り合いの女性評論家で、その人の講演のあと何が気にいらないのかどなり始めた男性に、立ち上がって、おなかの底からひびくような声で

「だまらっしゃい」

と言った人がいます。さらにその男性がどなろうとするとひときわ強い声（高い声ではない）で、

「だまれ」

と言いました。迫力満点で、一瞬会場はシンとしました。そして彼女は

「どならないで、語ってください」

と静かに言いました。男の人は恥ずかしそうにすわりました。会場から小さな拍手が起きました。

私にはとてもできないことです。でも、できないからあこがれに似た思いも抱いています。いつかはあんなふうに言ってみたい、でも私の辞書に「だまらっしゃい」ということ

ばはない、無理してもダメだ、私らしいことばをさがしていこうとは思っていますが……。

②どならない生活への過剰なあこがれ

中学三年生のときだったと思います。当時住んでいた家は小高い丘の上にありました。石段をいくつか登って、また登って、そしてそう広くもない庭がありました。庭にはイチジクの木とキンモクセイの木がありました。借家でしたから、きっと大家さんの趣味だったと思います。

秋になるとキンモクセイはいい香りを放ち、木の下は一面のキン色でした。その近くに立ち、下の方の住宅街をながめていました。下の方には当時「引揚者住宅」と言われていた、長屋のような形の市営住宅がありました。若い人たちは知らないかもしれませんが、戦後、旧満州（いまの中国東北部）などから引揚げてきた人たちに、安い家賃で公営の家が用意されました。私が中学生になったころは「もはや戦後ではない」と言われ、確かに引揚者（当時は独特の差別的なことばでした。なぜ、国策として満州に渡った人たちがいのちからがら帰って来て、日本国内で差別されなければならなかったのでしょうか。それもまた考えたいことですが）も以前ほどの〝貧しさ〟の代名詞でなくなっていました。だからといって全体としては貧しい時代ではありました。

この住宅に私より一学年下ぐらいの女の子が住んでいました。学校で出会った記憶はありませんし、当然、名前も知りません。いまのように私学がたくさんある時代でもないから、おそらく小、中学校は同じだったと思います。全校生徒二千人を超える中学校では、顔も覚えていない人はたくさんいます。

キンモクセイの下でじっと見ていますと、まだ陽が高いのにお父さんらしき人が帰って来ました。背広を着て、カバンを持ち、おそらく公務員だったのでしょう、とてもおだやかそうな人に見えました。

しばらくしてそのお父さんらしき人と女の子が家から出てきました。お父さんは背広を脱いでカーディガンのようなものを羽織っていました。女の子は白いブラウスの下は制服の紺か黒のひだスカートでした。二人はゆっくりと、近くを流れる幅二メートルほどの小川に沿って歩いていきました。

二人は時々何か話し合っています。笑ったりもしています。二人を夕焼けが照らしていました。川の面に光る夕焼けと、二人のゆったりとした姿を見ていて、私はハッとしました。

「これを、サンポっていうんじゃないか」

そう思ったのです。

本の中に出てくる「散歩」、それはいま、あの親子がしているものではないだろうか、私は散歩なんてしたことがない、そう思ったとき胸が痛くなりました。心からうらやましいと思ったからです。

まず父親がこんな早い時間に帰って来るなんて、信じられない思いでした。そして娘と二人で小川のふちをゆっくり歩いて話したり、しゃがみこんで何か見つけたものを教え合ったり、そんな父親がいるなんて……。あの家庭は、丘の上に大きな家を借りて住むわが家ほど経済的には豊かではあるまい、でも、何より豊かな時間と親子の関係を持っている、そう思ったのです。中学生のころ、そんなことばで理解したわけではなかったのですが、いま思うとそういうことでした。当時はただ、いいなあと思っただけでしたが。

このときの光景はその後、私の中でずっと消えないものになりました。そしていつの間にかひとつの強迫観念のようになっていきました。おだやかで静かな生活がほしい、貧しくてもいい、ほんとにお金なんか必要最低限あればいい、何よりおだやかで静かな生活がほしい、いつか親と子で「散歩」できる、そんな人と人のつながりがほしい、切にそう願いました。

おだやかで静かな生活とは、私にとって、とりあえずどならない生活、どなり声のない生活を意味しました。怒らないでほしい、絶対に暴力はイヤ、要するに沈黙の生活が私にイメージできる静かな生活でした。

独り暮らしのときはよかったのです。ひとりで黙っていればよかったからです。ただ夫や子ども、友人などとの生活では大変でした。特にはじめのころは父母と同居しましたので、とても大変でした。父といっしょに暮らすなんて、いまから思うと無謀でした。私におだやかで静かな生活へのあこがれを強く残した人、強迫観念の原因を作ったその人と同居するなんて、バカでした。当然、おだやかな日々は訪れませんでした。

父母と別居しました。そして私の静かな生活への要求は夫と子どもに向かいました。申し訳ないことでした。いま思うと。

夫が何かのことでカッとなってどなりそうになると、私はすぐ「やめて」と言いました。父を相手のときと違って「逃げる」必要はないと思っていましたので、すぐ言うことができました。夫ももともとすぐどなる人ではありませんから、こんなこと一、二回あればすぐ了解してくれました。仕事では怒ったりしていましたが、家の中で私にどなることはなくなりました。

次は子どもです。私は息子がどなることもイヤでした。だから、カッとなってどなることにならないように対応しました。息子もまた夫に似た性格で、誰にでも感情を出すタイプではなかったので助かりました。

ただ、いわゆる思春期のころは大変でした。息子はどならない分、カバンを投げつけたり、ドアをバターンとしめたり、モノに当たりました。その音を聞くたびに私は心の中で恐怖とたたかっていました。

しかしこのころはもう、私は自分の問題に気づいていました。私が、人の感情の発露を恐れる気持ちは、少し度がすぎていると気づいていました。もっと人は感情を出していいこと、特に子ども時代にそれができないと苦しいことになることなど、いくつかの本も読み、気がついておりました。

いま思うことは息子に申し訳なかったということです。自分がまだ自分の問題のありかに気づかないとき、息子は幼児期でした。おそらく私は「のびのび」させてやれなかったと思っています。

父のどなり声におびえて育った私は、私が作った人間関係の中でもどなり声に敏感すぎて、正直な感情を出させなかったのではないかと心配しています。そんな気持ちを抱えるのがまた〝後遺症〟のひとつではないかと思いながら。

四、「どなる人」の見当がいつもはずれた理由

「どなられたくない。どなられて、幼いころの恐怖を体全体で思い出して、思考停止にな

りたくない」と思うから、どんな場所でも男の人に会うとすぐ「この人はどなる人」、「この人はどならないタイプ」と、見当をつけるクセがついておりました。四十五歳ぐらいまで。

しかし私のこの見当はだいたいいつもはずれました。前述したように、「この人はどならない」と思った人に直接どなられたり、私は「どならない人」と思っていたのにその人の妻や子どもから、「いつもどなられてこわい」と訴えがあったり、「この人はどなる人」と私が思っていた人がまったく逆に「とてもおだやかな人」であったりしました。

最初のころはただオドオドと「どなる人」を見つけて対応することだけでしたが、だんだん余裕ができてくると、私は自分の見当がはずれる理由を「私には見る目がない」と考えました。

こうして書いてみて改めて思うのですが、そもそも「人を見る目」って何でしょうか。そんな大変なこと私にできるわけもないのに、私は愚かにも「人を見る目」ができることイコールおとなになることと思っていました。その考え方そのものの中に「人を見る目を持たないと無事にすごせない」という、幼児期の体験から来るいわば動物的な反応を見出します。

私には確かに人を見る目はありません。でも二十年、三十年とつきあっている友人もいます。いま言えることは、その人たちとは関係を築き上げてきたということです。はじめから「うまくいく人」を見つけることではなく、何となくウマが合って、その後はつきあいを構築してきました。最初の出会いの「何となくウマが合う」ことを「人を見る目があった」とは言わないと思います。強いて言えば第一印象がよかった（お互いに？）ぐらいのところでしょう。

私が「どなる人」をいつも見つけられなかったのは、そう、見ただけでその人物を――私より年上の人が多かったのですが――そういう人間を瞬間的に見抜くなんて、そんなこと、でき得なかったということです。そんなことを考えただけ私は世間知らずだった、そんなことを考えること自体不遜な行為だったと、いまは思います。

さらに、このとき、私は、相手を見抜くといいながら、ほとんどその相手を見ていませんでした。ここが本稿で一番言いたい部分です。「見抜く」とか「人を見る目」という限りは、相手をじっと見つめなければなりません。ジロジロ見なくても、その人が他の人にしている行為、ことばなど、じっと見つめなければなりません。でも私は「見抜く」というわりには見つめていないし、何より見つめることができませんでした。

「片眼が不自由になって視野が広がった」なんてキザな言い方もしましたが、私はもともと、見ていませんでした。男を見れば、その人個人を見る前に「どなる人」と考えて、身構えていただけではなかったか、そう思います。

身構えるだけですから「見当つける」なんてあり得ません。何の「見当」もつけていないのです。だから、いつも、私の「見当」ははずれてしまいます。そしてそのことから自信をさらになくしていくのですが、そのバカバカしさがやっとわかってきました。

私は、相手に対して見当つけるほど、相手の前にまっすぐ立っていませんでした。こわい気持ちが先に立ち、極端な場合は相手の顔さえ見ないまま、「この人はどなる人か、どならない人か」だけを、さぐっていました。というより、その場だけ何とかやりすごしたい、早くこの人と離れたい、そんなことばかり考えていたように思います。

これらすべてを私は、自分の「性格」だと思っていました。それも「困った」「よくない」性格だと思っていました。だから、この「性格」を変えなければ、そう考えて長い時間すごしました。いろいろ考えながら書く仕事をつづけてきて、またたくさんの人と出会う中で、これは「性格」ではないこと、私の体験から来る恐怖がこうさせていること、これがもし「性格」であっても、それはそれでいいじゃないか、そう思えるようになりました。

そう思えるようになったとき、「どなる人」をさがすこともやめることができるようになりました。

いじめる人は孤独になる

ここまで書いてきた私の「性格」は、私の人との距離のとり方が困難という、「社会性」（これもまた難しいことばですが）のなさではなかったでしょうか。

私は長い間、他人に「気をつかう」こと、つまり「気配り」をそのまま「社会性」と思ってきた経験があります。他人のことばにうまく対応すること、きちんとその場に合わせたあいさつができること、その場にいる人に不愉快な思いをさせないこと、これらを「社会性」だと思いこんでいました。だから「どなる人」を早く見つけ、その人を「どならせない」ようにふるまうことも、ひとつの気配りだと、どこかで思っていたのかもしれません。

しかし、気配りはどこまでも気配りです。それらの技術は、一種の交際術にすぎません。ほんとうの「社会性」は、まず私自身が相手の前に立って、相手の顔を見て、その人の意見も聴き、私もそれに対して応えることができることを言うのだろうと思います。「社会性」とは、そのことばの中にすでに「平等」とか「対等」というものを含んでいるのではないでしょうか。「自立」ということばは誤解されてつかわれていることが多いので、ここでは含めません。

私のしてきたことはただおびえていただけで、そこからどううまく逃げるか、しかも自分ができるだけ傷つかないように、どう逃げるかだけを考えていた行為です。悲しくなります。

ただ、それをいま、一生懸命こうして書いているのは、そんな気持ちになってしまう「弱い」人間の背後に、また、いつも現実から逃げようとする子どもたちの背後に、そういう恐怖、おびえがあったことを気づいてほしいからです。「逃げてはいけない」とか「逃げるな!」という「励まし」が、あまりにも無意味、はっきり言えば新たな暴力にしかならないことを知ってほしいからです。

私の父も「弱い」人間でした。時代や社会に対して、つまり他人に対してほとんど自己主張できない人でした。自己主張ということばも難しいことばです。自分の思いを表現することができなかったと言った方がいいかもしれません。

しかし父は男でした。しかも軍人でした。「どなる」ことができました。「殴る」ことができました。おそらく「命令する」こともできたでしょう。そしてそのことが父の「弱さ」を覆い隠した面もあったと思います。

私はやり場のない自分の「弱さ」を、より弱い者に向かってぶつけることはできませんでした。幼い、女の子だった私より弱い者などいませんでした。だから自分の「弱さ」を見つめつづけることになりました。その結果、人との距離のとり方が下手という現実にもぶつかりました。苦しい数十年でした。

しかし私は、何とか「私」という個人を見つけ出すことができました。父はとうとうそれができないまま、亡くなりました。父には自分の「弱さ」とたたかう苦しさより、その「弱さ」をより弱い者にぶつけるという〝逃げ道〟があったから、自分と出会えないまま、ということは相手とも出会えないまま亡くなりました。父の孤独を、ここで初めて私は感じました。心から、さみしかったろうなと思いました。

自分の「弱さ」と格闘することなく、まわりの、より弱い者にそれをぶつけてしまうことは、人と人の対等な関係を作れないということです。そしてそれは、人間の、人間が作った社会のすばらしさを実感できなくなることです。

つまり「いじめ」は、いじめをやっている人たちをどんどん孤独にしていくことと言えます。

「いじめ」はやられた方ももちろんつらいけれど、やられる方は、そのことから自分を考えることをつづければ、きっと大切な何かを得るチャンスもあります。いじめる方にはそのチャンスはこないでしょう。大切な人間関係から逃げつづける行為をしているわけですから。

「自信がない」ように見える子の歴史を共にさぐる

相手との距離のとり方がわからないという悩みがたくさん寄せられます。特にいま、四十五歳以下ぐらいの、私から見て若い人に圧倒的に多いようです。

その理由として、幼いころからケンカや遊びを体験することが少なかった、少子化、受験競争、生活の変化などいろいろ考えられます。私もそれらを理由として語ってきました。ただ、この理由の中に、親との関係からくる「おびえ」もいれなければならないのではないか、最近そう考えるようになりました。

各地の公民館で開かれている、幼い子どもを持つ親たちの講座で、自分の親との関係をできるだけ客観視するということを一コマ、二コマ加えるように私はしています。思わず頭の中がまっ白になってわが子を叩きつづけたという若い母親の訴えの背後に、幼いころ自分が母親から叩かれた体験があることは、現実にはとても多いからです。

ある女性は、幼稚園児のわが子がかけっこが遅いのが悩みでした。親子で練習し、でもちっとも速くならないので、わが子の足を棒で叩きつづけたそうです。そして原因には、自分が幼稚園のとき、運動会のかけっこで一番になれなかったことを父親に責められ、口をきいてもらえなかったという体験がありました。

単純に、同じ幼稚園児であるわが子に自分の幼いころの思いを表出したなどということではないと私は思います。この女性はこわかったのだと思います。自分が幼稚園のころ受けた父の、自分の気持ちへの暴力、そのときの体験がこわかったものであればあるほど、わが子に同じ思いをさせたくない、あんな思いは私だけでたくさんだ、だから速く走れるように——そう考えたのかもしれません。

問題は、自分に「口をきいてくれない」という恐怖を与えた親に怒るべきなのに、そのことに気づいていないままわが子の方に向いて、同じ思いをしないですむ方向に「逃げる」思考をしてしまうことです。私の母がしたように。

速く走れないことはいけないことではありません。その中で懸命に走った子どもをほめてやればいいのに、そのことで責められた体験を持つ人は「より速く」という価値観の中に閉じこめられてしまいます。

私の母は、中学生時代の私がいつもクラスで二、三番（すごいことだと私は思うのですが）しかとれないことにイラついて、「根性がない」と言いつづけました。「一番になれるはずなのに努力しないからダメなのだ」と言いつづけておりました。私には、その中学校のそのクラスで一番になることに何の意味があるのか、まったくわかりませんでした。

相手との距離のとり方は、技術の問題ではないと私は思います。「自信」の問題ではないでしょうか。相手にどう思われるかばかり気にしている間は、相手を気にしてはいるけれど「見つめて」はいません。相手のことばも聴いていません。どう思われようとかまわない、私は私だからと思ったとき、初めて相手の顔も見えるし、声も聴こえるのだと思います。

「自信」のなさの原因を、「自信がない」ように見える子の歴史を考えることで、共にさぐってやってください。「自信」のなさ故に暴力的になったり、ひとりでいたいと言ってみたりすることもあります。そういう子ども（あるいはおとなも）を弱いとか、逃げてるとか、未熟とか〝論評〟する前に、その人間の生まれた日からその日までの歴史を、共にさがしてやってください。さがせないならせめて感じてやってください。

「虐待体験のある人が虐待する」か？

できるだけ概念でくくった表現をしたくないと努力しましたが、なかなか私には難しいことでした。一般的に言われている「虐待体験のある人が虐待する」ということの現実を、暴力にさらされながら育った私という人間がどんな思いをしながら生きてきたかを語ることで、必ずしもそうではないとわかってもらえればと思って書いてきました。私はわが子に暴力を振るったことはないし、夫に暴力を振るわれることもありませんでした。暴力を受けて育った人が必ずしもわが子に暴力を振るうわけでもないことを、私自身が証明します。

私が自分の幼いころの体験のつらさからぬけ出すためにとても助けになったものは、最初は文学でした。乱読したたくさんの詩や小説に助けられました。もちろん、一番最初に「助けて」くれたのは、中学一年生のとき、自殺を考えていた私に声をかけてくれた先生ですが、その体験は別のところに書きましたので、ここでは省きます。

次にアリス・ミラーの『魂の殺人――親は子どもに何をしたか』（山下公子訳・一九八三年新曜社刊）に心を揺さぶられました。そのころから取材してきた「いじめ」についても、アリス・ミラーの他の著作からはずいぶん力づけられました。

その後、このとても個人的にはつきあいづらそうに見えるアリス・ミラーにコンタクトをとりつけ、ビデオの映像にした坂上香さんという映像作家がいることを知りました。山下英三郎さんが紹介してくれました。坂上さんがアメリカで撮影された、犯罪等をくり返していた人たちが自らを問い、語り合う中で自分を見つけ、再び生きなおしていくアミティと呼ばれる運動も、強い勇気を私に与えてくれました。

さらに、児童虐待を取材する中で、私はジュディス・L・ハーマンが書いた『心的外傷

『心的外傷と回復』（中井久夫訳・一九九九年みすず書房刊）を読みました。この中で自分のことがいくつかわかった気になりました。

まずハーマンの

「心的外傷とは権力を持たない者が苦しむものである」

ということばに、背筋がピンと伸びる思いがありました。そうなんだ、女として生まれ、さらに幼い子どもだったということは、まったく権力の反対側に居たということだ、ということは私を恐怖させ、おびえさせたものは、親であるとか父母であるとかを超えた「権力」だったのだ――そう思うことができました。

事実、さまざまなことが自分なりにわかったあとでも、実に長い時間、生まれてから五十年近くも私を一番苦しめてきたのは、この「親」と「父母」ということばでした。親を憎むなんて私はまちがっている、いつまでも父母を恨むなんて私は何て子どもだ、そんな声がいつも私の気持ちの中にあって、苦しみました。それについてハーマンは同著の中で次のように言っています。

「児童期の慢性外傷後の生存者は喪ったものを悲しみ悼む仕事だけでなく、もともと持てなくて失いようがなかったものを悲しみ悼む作業をしなければならない。幼少年時代そのものがそっくり奪い取られているのであり、これは取り戻しようがない。慢性外傷の生存者はまた、基本的信頼の基盤が失われたことを悼まなければならない。基盤とは親は良い人だと思って疑わないことである。自分の悲しい運命が自分の責任ではないことを認めるにしたがって、児童期には直面できなかった実存的絶望に向かい合わなければならなくなる。レナード・シェンゴールドはこの喪の段階の中心的問題をこう述べている。すなわち『ケアしてくれる両親という内的イメージがなく生きてゆくにはどうしたらよいだろうか。（中略）魂の殺害者の犠牲になった子たちは皆〝お父さんとお母さんのいない人生ってあるのか〟という質問によってすっかり参ってしまう』。

絶望との対決とともに、少なくとも一過性に、自殺の危険が増大する。（中略）この絶望の底に降りてゆく過程で患者を支えとおすものは、どんなにささやかでもよい、愛による結びつきの力が残っているという小さな証しである。

破壊し尽くされずにある愛の能力に至る鍵は、しばしば慰めのイマジャリーを喚起するうちにみつけられる。廃墟の中から何らかの愛着のイメージは救い出せているもので、そういうものがまずまちがいなくみつかる。一人だけやさしく慰めてくれる人がいてその人のよいイメージが一つ残っているだけでも、喪失への悼みの中に下降してゆく際の命綱になってくれるだろう。動物や子どもに対して遠くからでも共感を感じる能力が患者にあれば、それは自分自身への共感の端緒となりうる、はかないいとぐちではあるが――。」

そしてそのとおり私には幸運にも絶望の底で「一人だけやさしく慰めてくれる人」がいました。中学校の先生でした。

さらにハーマンの次の文章は私のことをピタリと言い当てていました。私だけでなく、一九九〇年ごろから相次いでいる、おとなから見てきわめて「いい子」の事件の根もここにあるのではないかと思っています。

「虐待状況から脱出してきた成人の被害者も自分自身を軽蔑の眼差でみつづけ、虐待者の恥と罪とを自分に引き受けつづける。内的邪悪性という深甚な感覚は人格の核心となり、そのまわりに被虐待児のアイデンティティがつくられていて、それは成人になってからの生活にまで持ち込まれる。

この性質《たち》の悪い内的邪悪性の感覚は、しばしば被虐待児がいい子であろうと執拗に努力しつづけているために、カモフラージュされてみえないことが多い。虐待者をなだめようとして、被虐待児はしばしば完璧な演技者となる。自分に求められるものは何でもこなそうとする。両親に対して心やさしい孝行娘となり、てきぱきと事をはこぶハウスキーパーとなり、学業優等生となり、社会の模範と仰がれるようになったりする。完全主義者の熱意を以て事に当たるが、それは両親の眼の中に好意の色を読みとりたいという焼けつくような求めに駆られてのことである。成人になった暁には、この早熟な才能は、強いられて生まれたものであっても、職業上の成功をさずけてくれる場合があるだろう。しかし、何をやりとげてもそれは自然に自分の資産にはならない。それは自分の演技する自己は真の自己ではない、いやニセ自己だという感覚を持つからである。他人からほめられると、それはただ、ほんとうは誰もわかってくれないという確信を裏書きするだけである。万一自分の秘められた真の自己がわかったならば、自分は必ずや悪者として排斥されるだろう……」

そして次のことばで私はとても気がラクになりました。それまで私は、殴られて育った私に育てられるわが子はかわいそうという思いからぬけ出られませんでしたから。それが私のわが子との関係づくりへの「自信」を奪う大きな理由でしたから。

「非常に極端なケースでは、児童期虐待の生存者は自分の子を攻撃するとか、保護を放棄することがある。しかし、一般的に思い込まれている『虐待の世代間伝播』に反して、圧倒的大多数の生存者は自分の子を虐待もせず放置もしない。多くの生存者は自分の子どもが自分のに似た悲しい運命に遭いはしないかとしんそこから恐れており、その予防に心を砕いている。経験者たちはしばしば子どもたちのために自分のためには振えなかったケアと保護の能力を動員することができるようになっている。フィリップ・クーンズは多重人格障害の女性たちが母親になった場合を研究して次のような観察結果を述べている。すなわち『一般に多重人格障害を持つ母親たちがその子に向ける陽性（プラス）の、建設的な、いつくしむ態度に私は感銘を受けてきた。子どもの時に虐待されてきた彼女たちは自分の子どもたちを同じような悲しい運命から守ろうと懸命になっているのである』」

第二章　子どもと親を追いつめたもの

――「事件」の根

こわい「お友だちプレッシャー」

お友だちができない

「うちの子、お友だちができないのです」——心配そうな女性の声。電話だから顔は見えないけれど、若い母親らしい。

「お子さん、おいくつですか」

「一歳八カ月です」

こんな〝相談〟よくある。初めてのときはびっくりしたが、いまではもう慣れた。

「一歳八カ月で〝お友だち〟なんて。あなたはどんな〝お友だち〟を想像（創造？）してるんでしょうか。この年齢では、まわりの子どもは全部〝敵〟と思っていても不思議じゃないですよ。生き者（物）として当然のことです。オモチャをとる〝敵〟が、案外いい人

とわかって、いつのまにか〝なかよし〟になっていくのが普通ですが、それはずっと先のことです」と答える。すると、

「それはいくつぐらいですか？」

と問うてくる。私はこれにも慣れた。

「個人差がありますが、〝お友だち〟という認識は幼稚園とか小学校に入ってから生まれることが多いでしょうね。そんな中でもケンカしたり、なかよくなったりしながら、きっとほんとうの友だちが見つかるのは二十歳すぎるころ、人生とか、人間についてとか考え始めるころでしょう。もしかしたら一生ほんとうの友だちをさがすのかもしれませんね。私たちは」

お友だちプレッシャー

まだ歩き始めたばかりの子どもに〝お友だち〟を要求してしまう、あるいは幼稚園とか小学校に入ったばかりの子どもが家に帰ったらすぐ「どう？　お友だち、できた？」とか、「今日、誰と遊んだ？　誰といっしょに帰ってきたの？」とか問いつめることを、私は「お友だちプレッシャー」と名づけた。そしてこのプレッシャーが子どもを追いつめてしまう

こともあると、何年も前から書き、語ってきた。

わが子が独りぼっちではないことを祈り、なかよしに囲まれて楽しく毎日をすごしてほしいと願うことは当然のこと。私もひとりっ子の息子が〝独り〟に見えたときとてもつらくて、「どうしたの？　なぜお友だちと遊ばないの？　え？　遊んでくれないの？　あなたが引っこみ思案だからじゃないの？」などと、矢継ぎ早に声をかけていた。これぞまさしく「お友だちプレッシャー」である。

安心したかったのは私

息子は無言で、うつむいた。何年もあとでわかったことだが、彼はこのとき、彼にとって一番はずされたくないグループ（子どもたちにはグループにランクがある。はずされても痛くもかゆくもないグループ、はずされたらちょっとつらいと思うグループ、そして絶対はずされたくないグループなど）からはずされていたのである。「こわかった。さみしかった。どうしたらいいか、わからなかった」と、そのときの気持ちをあとで表現した。

こういうつらい気持ちの子どもに、私は「あなたに問題があるんじゃないの」といった意味のことばを投げつけていた。何という鈍感さ、何という冷たさ、文字どおり冷や汗ものだった。あとで「あのときはごめんね」と謝った。そういう種類の気配り友だちづきあいを卒業していた息子は「いいえ、どういたしまして」と笑った。

なぜ私はあのときあんなに「お友だち、できた?」と問いつめてしまったのだろう。私自身、器用に〝お友だち〟を作れる子どもではなかったのに。でも、そうだったからよけい、わが子にはたくさんの〝お友だち〟を、と思ってしまったのか。いや、違う。そんなカッコいいことじゃない。私はただ安心したかったのだ。わが子は〝お友だち〟に囲まれて生きる、明るい、幸せな子だと、安心したかったのだ。

おとなの評価基準を押しつけるおかしさ

小学校高学年ぐらいになると、学校の先生はよくこんな言い方をする。

「お友だちもたくさんいて、お子さんは何の問題もありませんよ」——と。

逆に、

「もう少し積極的にお友だちを作る努力をお子さんにさせてください」

とも。これらの言い方の背後には「積極的」「明るい」「誰からも好かれる」「社会性を身につけた子ども」などのプラスの評価基準が透けて見える。

問題は、幼い子どものころからこれらの評価基準をすべてクリアすることは不可能であることに、先生たちも親たちも気づいていないこと。つまり、ずっと先に、そうなれるといいなあという希望を、いま二歳の子どもにも中学生の子どもにも押しつけてしまうことのおかしさに、おとなが気づいていないということである。

友だちづくりが得意な子も不得手な子も、いま、不得手な子も、いる。ほんとうの友だちなんてきっと一生かけて一人、二人見つかればいい方だと私は思うが、それをいつもいつも「持て」と要求されたら、子どもは逃げ場を失う。せめて親ぐらいは、独りぼっちのわが子に、「独りのときもあるよね」と声をかけてやりたいと願っている。

初出／「月刊くだかけ」298号・2003年6月発行（くだかけ会）

社会教育は、いまこそ大事
——なかよしのふりをする人たちの時代に

ギクシャクする人間関係

とうとう「公園デビュー・コーディネーター」なる仕事があらわれた。

幼い子を持つ若い主婦たちの間で行われている公園でのつきあい、そこに加わるのがなかなかうまくできない〝新人〟のため、経験豊かな先輩主婦がコーディネイトするのだという。

同年代の女性からの電話でこれを知った。そのときは絶句したが、冷静に考えれば、コーディネーターと言わなくても、これこそが「つきあい」の実体なのに、さらに「公園デビュー」なんて言わなくても、ふと公園に立ち寄って、少しばかり会話して、再び会って、また会話して——これが「つきあい」なのにと、思った。

つきあい、人間関係、それらがとてもいまギクシャクしている。子どもからおとなまでいっしょだ。というよりもおとなの方が先にそうだったと考える方が自然だ。この人間関係の作り方がギクシャクすることを私は「いじめ」の基本だと思うから、「いじめ」が顕在化した一九七〇年代の終わりごろより以前から、おとなたちの人間関係の作り方はおかしくなっていたことになる。

一九七〇年代は専業主婦という層が、歴史上初めて、少なくとも一般庶民の中では初めて登場した時代である。高度経済成長以前は、女は家に居ても、その日家族が食べるもの、着るもの、暖をとるためのもの、全部手づくりしなければならなかった。農業従事者に限らず、商業の人は店を切りもりし、工業従事者も大切な労働力であった。「家に居た」けれど、女も働いていた。一九六〇年代の終わりに入ってから、生産、労働の場から離れ、消費生活の中で家にいる女性が登場した。

この女性たちは、昔から女は家に居た、そして夫と子どもの世話をしてきたと思いこまされ、家に入った（あるいは残った）。家事はその量も質も大きく変化し、時間はたっぷりある。そんな中で男たちからは「三食昼寝つき」などと言われながらも、自らを「幸せなはず」と思おうとした。しかし実感は「幸せ」とはほど遠く、孤立し、イラつき、そんな自分を責めてさらにイラついた。「教育ママ」の登場は、だから、必然なのだ。

それから二十年たった現在、専業主婦の数は働く女性より少なくなった。いまは多くの女性が「家に居る」ことを幸せとは思わないと口にする。状況は変わりつつあるように見える。

しかし、実態は二極分解と言えばいいのか、家にボンヤリ居る女性は確かに減ったが、子供に自らの達成感を託し、「お受験」に熱中するか、地域社会の中で発言しつつ生活の中身を変えようとするか、どちらかになった。労働現場があまりに過酷で、仕事を「選ぶ」ほど甘い状況ではないということもあり、徹底した「教育ママ」と、仕事をする女性の側にちょっと振れた「社会派ママ」の二極に分かれたといえよう。

この前者の中で、人間関係のギクシャクはいま、ピークと言っていい。それを明確に示す事件が、一九九九年秋のいわゆる「春奈ちゃん事件」である。春奈ちゃん殺害の動機にかんして最初の報道は、お受験がらみというものだった。お受験グループが集う地域の幼稚園の庭がその舞台だったからだ。しかし三十五歳の女性が自首して報道は一転、母親同士の人間関係のあり方に移った。

春奈ちゃんの母親と犯人の女性の関係がとりざたされたが、私のところには同年代の女性たちからファックス、手紙が届いた。

「あの人（犯人の女性）の気持ちがわかる。私も同じ公園のつきあいの中で、人間関係が煮つまってしまっていて、もしかしたら私がやっていたかもしれない」といったものがほとんどだった。当事者同士の関係よりももっと幅広く、多くの若い母親たちの間の人間関係づくりの問題が根っこにありそうだ。

私はこの年代の女性たちとたくさん出会ってきた。そして関係の作り方が以前よりずっと、私の目から見るとおかしいと感じた。同じ公園で子どもを遊ばせる母親たち、あるいは同じ幼稚園（保育園は働く母親がほとんどだから、母親だけのつきあいのトラブルは少ない）に子どもを通わせている母親たちのつきあい方は、私には不思議に見えた。

たとえばあらゆるときに「ノー」と言えないという。誰か声の高い（気の強い？）人がいて、その人の決めたことに「ノー」と言えないというのである。

「なぜ？」と問うと、「つきあいが切れてしまうから」という。近所のスーパーにいっしょに行こうと言われ、ちょっと都合が悪いからと言うと、それでもうつきあいが切れるというのである。だから自分の予定とか気持ちは全部抑えて、その人の意向に従うことになる。

「そんなのイラつくでしょう?」と問うと、「イラつきを通りこしてムカつく」と言った。

「イヤだったらイヤと言えばいいじゃないの」と言うと、「そしたら、うちの子にお友だちがいなくなっちゃう。私のワガママでうちの子がはずされるのはかわいそうだし、がまんするしかない。母親だし……」。

『孤独な、なかよし』

母と子がセットになっていて、狭いつきあいの中で「煮つまって」いく様子が見える。そしてこれは、何のことはない。子どもたちが小・中学校で（場合によっては高校・大学でも）やっている「いじめ」のつきあいとそっくりだ。「いじめ」をするグループの中で「ノー」と言ったら友だちじゃなくなる。イヤでも従わないと独りぼっちになる、学校で独りぼっちになるのは死よりこわい――そう語る子どもたちにいっぱい出会ってきた。

そのことから見えることとは、いま三十代半ばの女性たちも、小・中学生らと同じ状況にあるということだ。独りで考え、独りで行動することができないし、何より、自分の意志を表明できない。意志を表明することで起きるトラブルを避け、自分の胸の中に感情を抑えこむと言える。この中で子どもへの虐待も起きている。公園の中で「ルールを守らない」二歳のわが子を、家でいつも殴ったという母親の訴えを聞いた。「二歳の子にどんな『ルール』があったというの？　あなたが非難されたくなかったから殴ったのね」と言うと、三十三歳の女性は、しゃくりあげて泣いた。まるで子どものように。

春奈ちゃん事件の被告人の女性は二〇〇〇年六月の法廷で、弁護士の口を通して「事件直前には自分の長男を殴るようになり、このままいったら神戸の少年のようになると、自己嫌悪にさいなまれていた」ことを明らかにした。三十五歳の女性が事件当時十四歳の少年と同じところにいたのである。母親と子どもの居場所がそっくりだから、この発言は当然といえば当然だ。しかし、そのことのおかしさに私たちは気づいているのだろうか。親子ほど年齢がはなれているのに、置かれたところが同じということのおかしさに。

「神戸の少年」の事件も近隣で起きた。バスジャック事件など一連の「十七歳」の事件（ちなみに神戸の少年もいま十七歳だ）以外、ほとんど、顔見知りの、外から見ればむしろ「親しい」「なかよし」の関係の中で起きている。バスジャックの少年も、その後の報道では最初は母校を襲うつもりだったという。二〇〇〇年の夏には大分県野津町で、たった二十数軒の集落の中で、幼いころから「親しい」つきあいをしていた家族六人を、十五歳の少年が襲った。

こういう状況の中で私は、社会があまりにも「親しい」関係ということばに無警戒だったことを思い知らされている。共同作業もなくなり、壁ひとつ、階ひとつ違えばあいさつもしない暮らしの問題点を、いまさらのようにつきつけられている。生活の共通点は、同じものを消費するというものでしかなくなった。同じものを作るとき、人はつながりを持てるけれど、消費は競争しか生まないことも思い知らされた。

二〇〇〇年十月、私は『孤独な、なかよし』（坂本鉄平事務所刊）という本を出した。

また自費出版だ。好きに書けるから自費出版したというだけでもない。とにかく急いで出したかった。あいつぐ「事件」に少年法の改正が叫ばれ（残念なことに十一月末、ひどい国会の中で改正された）、不安になった親たちがますます子どもを抱きすくめてしまうと思ったから急いだ。タイトルの「孤独な、なかよし」は「春奈ちゃん事件」について書いていて、自然に出てきた。この本の出版を知った人から「タイトルにハッとしました」という声が寄せられている。身のまわりに「孤独な」、しかし「なかよしのふり」をしている人がいることに、改めて気づく人もいたようだ。

ポツン、ポツンと立っているいまこそ

こんな中で社会教育の果たす役割はますます大きくなっている。公民館に来て、出会った人が同じマンションに住む人だった、子どもの通う学校の先生だったという場面に、私はよく出会った。はじめは「何ということだ」と思った。しかしいまは、現実の中でどうすればいいかを考えようと思う。

考えてみれば、共同作業があり、共同の保育があった時代には社会教育はあまり意味を持たなかった。孤独な人がポツン、ポツンと立っているいまこそ、共に集える場としての

社会教育は重大な意味を持つ。そしてそこでは少なくとも顔見知りになり、その人の意志が伝わるぐらいの内容がなければならないだろう。それから先は住民自身が考える。とにかく「場」が大切だ。

それなのにそういう「場」を新たに作ろうとせず、いまいる人員を削ろうとする動きもある。心からその動きに怒りを感じるし、これからますます、社会教育の大切さをあちこちで話していきたいと思う。

初出／「月刊社会教育」№.５４４・２００１年２月１日発行（国土社）

子どもが安心できる家族とは？
――正直な感情を出せる、トラブルを恐れない家族

とじこもりはいけないこと？

「二十四歳の息子がひきこもってまして…四年になります。有名高校、有名大学と、いままで何の問題もなく来た子どもなのです。どうすればいいのかと…」――二〇〇三年が明けて間もなく、ある町の講演会場で、講演が終わってから追いかけてきた父親のことば。もう、何人からこんなことばを聞いたことか。そのつど、私にとっては初めての話ではないけれど、その人との話は初めてだから、心をこめて話を聞いてきた。〃特効薬〃などあるはずもなく、親の訴えを聞き、わずかに得ている情報を伝えるのみだ。

多くの親は「勉強もよくできてスポーツも万能、挨拶もきちんとできる。ほんとうにいい子だったんです。それが、どうしてこんなことになるのでしょう」という。私はわき上

がってくることば――「そんないい子でいるために、あなたの子どもさんはどれだけ苦しい思いをしてきたか、子どもがはじめから〝立派な〟〝いい子〟に見せるためには、どれほどの爆発すべき感情を呑みこんで生きてきたか、わからないのですか」を呑みこむ。いま、目の前で途方にくれている人に、いままでのことを言うのは気の毒だから。

とじこもり、ひきこもり、そのこと自体は悪いことではない。小・中学生の不登校と性質が同じと言う人もいるが、必ずしも同じではない。私は、小・中学生のころ不登校できていれば、二十、三十代になってひきこもることは減ると思っている。

ただ、子どもが世間で言うところの「自立」のころに自分の部屋にとじこもってしまい、途方にくれる親の不安が、きわめて暴力的になってしまったり、高額の金をとる宗教団体と結びついたりすることもある。人の不安につけこむ人はいま多い。何よりもひきこもったその若者自体が自己否定の気持ちを増幅させ、自暴自棄になって自死したり他人を襲う形で爆発することも、時には起きている。そういうすさまじい現実を前に、「そのこと自体は悪いことではない」ということばはとても空疎に聞こえる。

しかし、やっぱりあえてそこを見すえるしかないと、私は思う。とじこもる時間も場所も、子ども時代にまったくなかったから、いま、いわばまとめて時間を確保して「考え」「見つめ」ている場合も多い。人が成長していくとき年齢に応じて少しずつ体験できたはずのことが、この国ではここ三十年間ほど、できなくなっている。だから、まるで穴に落ちこんだかのような、こんな極端な形で自分を見つめることしかできない若者は、少しずつ増えているのである。

要は、そんな極端な形でしか「休めない」システムを変えること、現にそういうところに居る人に寄り添う方法を考えることだ。そしてその方法は、専門家に頼るのみではなく、顔見知りつまり仲間の支えによる、ゆるやかな時間の確保だと私は思う。そのことを待てない気持ち、待てない社会の方に問題はある。

子どもが不登校になるとよく「適応できない」ということばがつかわれた。ひところほどではないが、いまでもつかわれる。実はこの「適応」ということばが、結果的には個人を縛り、家族を縛り、ヒトが生きることを苦しくさせていると言える。先述の、二十四歳でひきこもっている若者はいま「不適応」の状態だと、親も専門家の多くも思っているだろう。しかしそれまでの彼は、小・中・高そして大学入学まで、みごとなまでに「適応」してきた。それは私には過剰適応だったと思える。もちろんその若者の責任ではない。「適応」ということばで子どもを抑え、縛ってきた方が悪いのだ。いま、彼はひきこもりという形で、人間に適応しようとしているのかもしれない。待ってやってほしいと、私は思う。

「まぼろしの子ども」を追う親

私はこんな若者、子どもたちを、まぼろしの子ども像に寄り添ってずっと生きてきて、疲労の極に達して、とつぜん身動きできなくなったと表現する。親や教員という、子どもの一番近くにいる人たちの頭の中に、「朝はひとりでさわやかに飛び起きて、前の晩自分で用意した清潔な衣服を、順番正しく速やかに身につけ、忘れ物一切ないカバンを持って、(グズグズ行きしぶることなく)元気に飛び出し、近所の人に出会ったら、向こうからあいさつされる前にさわやかにあいさつし、学校に行ったらいつも元気に明るく積極的に動き、友だちにもやさしく、校庭のすみっこに咲く小さな花に感動する心を持ち…テレビを見ないで早く寝る」――などのスーパースターの子ども像がくっきり育っていることが多い。そして子どもたちは、親にきらわれたら生きられないから必死でこの〝まぼろし〟を演じていく。

こんな子どもは存在できるわけはないから、子どもたちは疲れ、自信をなくしていくのだが、親の多くはこんな子ども像を自分の中に作ること自体「期待」とか「希望」と思いこんでいく。大きな錯覚だ。その上、子どもが思いどおりにいかないとき、「いま、つらいことを言うのはあなたのためなのよ」など大ウソをつく。親自身、それがウソという自覚もほとんどないまま。ここから親と子の間のミゾが姿をあらわし、あらわしたことでそのミゾはどんどん深くなっていく。

「まぼろしの子ども像」は、期待でも愛でもない。親の勝手な押しつけにすぎない。なぜならその子がどんなものを持って生まれてきたのか考えようともせず、いきなり親の価値観で「こんな子になりなさい」と言うわけだから、厳しい言い方をすれば、この瞬間、この子どもは親から「あなたの持って生まれたもの（個性？）は消しなさい」と言われたことになる。私はこれを、親による心の殺人と呼んでいる。

そんな中で子どもは懸命に生きる。親の期待に応えたい、親の愛に報いたいと、それはけなげに生きていく。しかし社会に出る一般的な年齢（これも昔風の思いこみで決めている親が多い）になると、いきなり、「自分の知恵で、自分の判断で、自分の主体で生きろ」と言われる。いままでの評価が、テストの点数とあいさつなどのいわゆる「しつけ」だけだったから、人を利用したり陥れたりする人もいる現実の社会に「適応」する知恵も、判断力も、もちろん主体性など、まったく育ててもらっていない。いわば、いままでの価値観からはすっかり逆転した中に放りこまれてしまうのである。

どうしていいかわからなくなった（当然のことだが）子どもは、立ち止まる。道が右、左、前と分かれて目の前にあるとき、人は「さあ、どっちに行くべきか」と、とりあえず立ち止まるではないか。しかし子どもの立ち止まりはひきこもり、とじこもりと言われて、さらに責められる。

責められつづけた子どもは、生き物（者）の最後のよりどころとして怒りを爆発させる。「どうすればいいいんだよ――」と。その爆発が自死だったり、他殺だったりするが、そういう中で他の人間を襲った事件（一九八〇年、川崎・金属バット両親殺害事件、二〇〇〇年、佐賀・高速バスジャック殺人事件など）の中に、「親への恨み」が感じられる。原因は当然のことながら「いい子」になれという〝期待〟によって、本来の自分を「殺された」ことへの憎悪であろう。余計なことを付け足せば、この心根の上に、オウム真理教は根をはやしていったと、私は思っている。

子どもと親を追いつめたもの

親（職業として教員、保育者、文部官僚なども含まれる）はなぜ、ここまで子どもを追いつめてしまうのだろう。しかも本気で愛しているつもりのまま……。その原因は、この国が一九六〇年の半ばころから明確にかついだ価値観にある。

考えてみれば教育はいつもその時代やおとなたちの価値観の反映であって、それ自体が教育の宿命（?）とも言える問題点なのだが、私たちの国は一九四五年の敗戦で初めて、たくさんの内外の人たちの犠牲と引き換えに、主権在民、基本的人権などの存在を知ることができた。人は生まれながらに人として生きる権利を持ち、どこからも誰からもおびやかされたり侵されることはないという、まっすぐ立ち上がった「個人」という存在を、初めて教えられた。このことがきちんと教育政策の中に生かされ、教育システムになっていれば事態は違っていたと思う。

少なくとも「愛」という名で子どもを「殺す」親は減っていたと思う。子どもに人として誰も侵し得ない権利があること、戦後五十年近くたってやっと気づきつつある現状だが、それでもいま子育てまっ最中の親である三十、四十代の人たちが子どもだったころに、自分も人としての権利がある（当然、義務もある）ことをきちんと教えることができていれば、と心から思う。

戦後、私たちが手にしたこの素晴らしい理念は、生かされることは困難だった。ずっとがんばって生かすべきと主張してはきたけれど、教育は一九六〇年代に入ってからの経済最優先の〝国策〟の中で、再び経済の下支え（戦前、戦中は軍隊の下支え）の位置に下げられてしまった。

経済最優先ということは能率重視であった。それは子どもの側から表現すると、泣いたり、怒ったりといったヒトとして大切な感情、小さな虫や花をじっと見つめるといった大切な時間、動作の遅い子をじっと待つといった大切なやさしさ、それらをすべて切り捨てなさいと言われることであった。早く理解しなければダメな子と言われ、それは何よりも点数化されて自分の進路を「決定する」から、子どもたちは〝いい子〟になるためにヒトとして大切なものを切り捨てたのであった。

一方家庭は学校を支えるものになった。生き物としての「巣」を忘れ、点数競争の中に生きる子ども兵士の宿舎になってしまった。そしてこのことがさらに親と子の間のミゾを深くしていった。子どもたちは忘れ物をしないで、遅刻せず、休まず学校に行くために、ムダ口をたたかず、キビキビ動かなければならない「巣」を持ったのである。

さらに子どもたちをガッカリさせ怒らせたのは、こうした現実をすっかり無視して、家庭で会話しましょう（ムダ口ではない家庭の会話とはどんなものか、私は想像できない）、やさしい思いやりの心を持ちましょう、親を大切にしましょうなどのことばがまことしやかにかつ声高に語られたことだ。親たちは〝立派〟な家をローンで必死に用意し、すてき（に見える）な庭を作り、そこでなかよし（に見える）家族がバーベキューをしていたり卓球をしていたりする。

こうして家族すらも「ごっこ」のひとつになってしまった。学校でいい子のふりをし、お友だちとなかよしごっこを演《や》り、家に帰ってからはホンネむき出しの進学塾に通いながらも外に対して素敵ななかよし家族ごっこをした。

この生活の中で子どもは、社会に生きるヒトとしての気持ちや技術を、どう身につけることができたのだろうか。できるはずはない。身についたのはたったひとつのホンネの部分、友だちよりもいい点数をとること、そこで勝つことではなかったか。

いま、何ができるのか？

親に対しても「助けて」と言えないまま、友だちにホンネも言えないまま、孤独の中で生きる子どもに出会いつづけてきた。その中で、子どもはよくがんばっているなあと、思いつづけてきた。もうそろそろ私たちは、こういう子どもに報いるべきではないのか。子どもは弱くて当たり前、失敗しても当たり前なのだから、それをさらけ出せる、ごっこではないホンネの家族をとり戻したいと思う。

では、子どもが「助けて」と言える家族とはどんな家族なのだろう。通常、子どもの「助けて」という信号は、親にとってはトラブルであることが多い。「こわいグループにおどされて万引きした」とか「ついカッとなって同級生を殴り倒した」とか、被害者よりも加害者側になることが多い。それが子どもの「弱さ」の真の発露なのである。

こんなときは烈火の如く怒っていい。しかしここからがポイントなのだが、怒りながら子どもといっしょに立ち上がって、「それは大変だ。すぐ謝りに行こう、すぐ弁償しに行こう」と言える親であってほしい。こんなこと当たり前のことだと思っていたが、子どもの失敗を「謝るのは損だ」というおとながけっこういて、私は心配している。一緒に謝ってくれるとき子どもは親が一緒に生きてくれると心から思えるし、もう二度とこんなことしないと思う可能性もあるし、何よりもそういう親だから失敗を語ることもできるのだが……。


もうひとつ、子どもが「助けて」と言える家族とは、家族の中のおとなが正直に生きていることである。立派な父親のふりをしてはいけない。いい妻、いい母、いい嫁、いい娘まで演じている母親も多いが、それらもやめた方がいい。家の中がメチャメチャでいいと言っているわけではない。ことさら〝いい親〟を演じることはそのまま子どもに〝いい子〟を要求し、子どもの本来の感情、意思の発露を止めてしまうことになりがちだからである。

正直に生きればトラブルは増える。私はこのトラブルこそがいまの、そしてこれからの子どもにとって大切な経験だと思っている。しかもそれを家の中で体験することが大切だと思っている。家では〝いい子〟、外ではトラブルばかりという子どもが多くなっているのが現実で、それは本末転倒だと思うから。

いま、子育てまっ最中の人たちからよく「子どもをしっかり叱ることができない」という声を聞く。もちろん「しつけ」も「叱る」も「注意」も、虐待の中には存在しないことだ。虐待した人が「しつけ」だったなど言うのを聞くと心から怒りがこみ上げてくる。かといって何でもかんでも「見守る」というのもびっくりする。「見守る」という言い方の放置も「しつけ」という名の虐待もあってはならないことだ。やはり叱ることは当然あるはずだと思い、なぜ叱ることができないのか問うと、「子どもと不愉快な関係になりたくないから」と言う。この親はおそらく、自分の子ども時代に言いたいことをぐっと抑圧して生きた、つまり〝いい子〟を演《や》ってきた人ではないかと思った。まぼろしの子どもを演じてきた人の多くは不愉快に耐えることが苦手である。特にわが子ののびのびとした泣き声にイラついたりもする。自分の子ども時代が解放されていないからかもしれない。

家族は最後のプライバシー。どんな形であってもいいし、生き物の「巣」であったことを思いおこし、心安らぐ場だといいなと思う。ここに「家族の教育力」など強引に持ってくる必要はない。親と子が、もう少し肩の力をぬいて向き合えないものかと思う。

初出／「勤労者福祉」No.72・2003年4月1日発行（全国勤労者福祉振興協会）

まぼろしの家族像を追わないで

「こんなはず、ない。私の子どもはこんな子であってはならない、そんな気持ちがどうしてもあります」――ある会で、ひとりの女性が言いました。思い切って口に出したという言い方で、声も強く、会場は一瞬シンとしました。

このことば、私はわかります。少なくともこの人の言わんとするところはわかる気がします。論理的に考えればメチャクチャなことばです。子どもはどの子も私たちにとって「未知なる」存在のはずですから、「こんなはず」なんて、あり得ないことです。「あってはならない」なんて、まさに、あり得ないことばです。子どもに予定を立てたり、自分の勝手な「期待や」「願い」という名のまぼろしを当てはめてしまうことがあるということを、このことばは示しています。正直なことばです。そしてその思いが、頭でわかっていてもなかなか感情として整理できないということも、この発言者の「そんな気持ちがどうしても」という言い方にあらわれています。

まぼろしの子ども像

　私はもう十年以上も、「このまぼろしの子ども像」の危険性について、全国各地で語ってきました。親の中にある勝手な思いこみ、「朝は起こされなくてもひとりでさわやかに飛び起きて、すばやく身支度して、朝から好ききらいなく何でもモリモリ食べ、自分の食器は自分で運び、忘れもの一切ないカバンを持って、元気に出かけ、近所の人に出会ったら向こうからあいさつされる前に〝おはようございます〟とさわやかにあいさつし、学校に行ったらいつも元気でハキハキと、全教科に関心を持ち、友だちにもやさしく、校庭の隅っこに咲く小さな花の美しさに感動し……夜はテレビを見ないで早く寝る」――こんな子だったらいいなあという思いこみが、子どもを現実に苦しめていると語ってきました。こんな子は存在し得ないから、まぼろしだと言ってきました。

　しかし、存在するかのように見える時期があります。子どもの側はこんなまぼろしを懸命に演じているのですが、親（や教員）にはそれがその子の真の姿だと思えてしまうときがあります。それは一時的なものだといくら言っても自分の子どもが「うまく育っている」

と思いこんでいるこの時期の親には届きません。どの人もうちはきっとうまくいくと思いこんでいます。

冷静に考えればわかることです。先述した「まぼろしの子ども像」は、ひとりの人間が成長していくとき、同じ時期に両方持つことは不可能なことを要求しています。たとえば「す早く動く」ことと、「花の美しさに感動してボーッと花を見つめる」ことは、同時に存在することは困難です。花を見てボーッとする子は決まって「グズ」という批判を浴びています。逆にいつでもす早く動く子は「情緒がない」などと言われたりもします。この両面をひとりの子どもが同じ時期に持っているように見えるとすれば、子どもの方がどちらかを「演じ」ているのだと、私は思います。このおとなに気に入られたいという懸命の演技に、多くのおとなは気づかないから、この演技はけっして「よくがんばったね」とほめられることのない努力なのです。

一九九九年、山口県下関駅で五人の人が殺されるという不特定多数の人への襲撃事件が起きました。犯人として逮捕されたのは三十五歳の男性です。山口県下トップと言われる進学校を出て、両親は学校の先生、当時の同級生がテレビで「親なら誰もが自慢したくなるような、いい子だった」と語っていました。その後もつづく事件の中にもよく、これと同じ意味のことばがありました。「何の問題もない子、信じられない、模範的な子だった」

（二〇〇〇年五月愛知・豊川市の十七歳少年による殺人事件）、「静かな、いい子だった」（家庭内暴力の高校生の親のことば）など、おとなの側から見て「静かな、問題のない、いい子」という言い方はたくさん出てきます。そして、こういう言い方を〝平然と〟しているること自体が子どもを深く傷つけ、さらに追いつめていることに、もうそろそろ私たちは気づかなければならないと、私は思います。

まぼろしの家族像から始まった？

私自身、はじめに認識したのは「まぼろしの子ども像」でした。「いじめ」にあった子どもの多くが、その事実を「一番知られたくないのは親」と言い、「お父さんをガッカリさせたくない」「お母さんを悲しませたくない」と言って、自らを責めていくことを知ったとき、子どもに苦しみをそのまま表現させようとしないおとなのまぼろしの存在に気づきました。「いじめ」られて「こわい」と言ったら「男の子でしょ、弱虫！」と言われてしまう、「友だちみんなが口をきいてくれない」と言うと、「あなたに問題があるんでしょ」と言われてしまう。そんな子どもたちの孤独を知ったのが先でした。

そのあとで多くの親たちと会い、「まぼろしの家族像」に気づきました。そのために単純にも、私は「まぼろしの子ども像」が、「まぼろしの家族像」から出てきたことに気づくことがなかなかできませんでした。というよりも、「まぼろしの子ども像」の方が私にとってインパクトがあった、つまり「まぼろしの家族像」にはさほどのものを感じなかったのです。「まぼろしの家族像」は、子ども像の話をするときの付け足しぐらいの認識でした。しかし考えてみれば、私たちの社会の根底が動いている、少なくともいまの私には表現するのがむずかしいほどわからない方向に動いていることを示しているのは、家族像の変化の方でしょう。

急激な暮らしの変化から

私が個人として、世の中が変わっていたのだということを強く知らされたのは、一九八三年、横浜で起きたいわゆる横浜「浮浪者」殺傷事件の取材の中でした。いまで言うホームレスの人たちが十四歳から十六歳の少年たちに集団で襲われ、殺されていった事件です。逮捕された少年たちの動機らしいことばが私にはショックでした。「俺たちは地下街を掃除しただけ」「クサイことは許せない」などのことばの中の「掃除」「クサイ」という表現から、私たちから見れば非科学的だけれど、子どもたちにとってはとても当たり前といえる奇妙な清潔志向も考えさせられました。抗菌グッズが大流行し、多くの人のクツが歩いた床にペタッとすわることは「汚い」ことではないけれど、電車の吊り革や、風呂に入らない人間はとても汚いと感じる、その感じ方も批評以前に事実として存在することも知りました。

人間は汚い、くさいとイヤがる一方で、生活の中にキンモクセイの香りや、ジャスミンや、レモンの人工の香りがいっぱいになっていること、そのために子どもがキンモクセイの花を指して「トイレの花」と言うことも起きていました。私は当時、こういう感覚的な生活の変化に気づいてびっくりしていました。気づいていなかった自分に驚いていました。

しかしもっと質的なところで「家族」観が変わっていることにも、同じころ気づかされました。横浜の事件から一～二年後だったと思います。当時の新聞（『毎日』だったと思いますが）のコラムに、ひとりの女性の投書が載りました。「二人目できちゃったけど、産みます」といった見出しでした。たしか次のような内容でした。「二人目の子どもができたらしい、いろいろ考えたけど、私、やっぱり産みます。私の理想は、日曜日には夫とペアのトレーナーを着て、近所のレストランで食事して、帰りに植木鉢を買って歩く、というものです。そのとき、子どもは一人でよかった。夫婦のまん中に一人でよかったのです。でも二人目、できちゃったから産みます」――。

これを読んだとき私は妙にナルホドと感心しました。ナルホドと思ったのは、家族というものに外からの目を意識している人たちが多くなっていることに気づいていて、そのことのひとつのあらわれとしてこの文章を読んだということです。たとえば、大卒の背の高い男性と結婚し、郊外のこぎれいな家に住み、子どもは男の子と女の子ひとりずつなどの言い方が一般的でした。家族はすでに「できるもの」ではなく「つくるもの」になっているようでした。そして、「つくるもの」であるから、それを評価してくれる「世間」というものの存在を必要としているようでした。

一九四六年生まれの私には、こういうとらえ方がわかりませんでした。まず結婚なんてものも、はじめに条件があるわけじゃなくて、計算も何もない、とにかく錯覚かもしれないが、まちがいかもしれないが人を好きになって、いっしょに住みたいと思って暮らし始めるものだったのです。はじめっから計画どおりではないし、予定も立たないものでした。そして子どもは当然の如く、産むか産まないかは考えるけれども、産む以上はどんな子どもなのか見当もつかないものでした。だから出産の前に夫とふたり、たとえどんな子どもでも一生懸命育てようね、などと、いまから思うと恥ずかしいほどかわいい、けなげな決意をしたものです。しかしいつの間にか、結婚も生活も子どもも、つまり家族は「見当つかない」存在から「見当つける」存在になっていました。

親に絶望されることへの子の絶望

そしてここに大きな落とし穴があったと言わざるを得ません。未知の人との出会い（人生のパートナーであれ、親と子であれ）に対する不安は少なくなったけれども、別の不安も大きくなりました。子どもをうまく「つくる」ことへの不安です。

何よりも（計画どおり）つくる家族ということになりますと、つくったあとに出会う未知の存在、つまり子どもが、未知であることが許されなくなりました。子どもを抱いて、その寝顔を見ながら「十年後、この子はどんな子になっているかしら、二十年後、どんな人間になるのかしら……」と思い描くことは少なくなり、三歳までには○○をしつけて、五歳では△△ができるようにして、小学校は◎◎に行かせて……と、きわめて「計画」的になっていったのです。子どもの側から言えばボンヤリする時間はまったくなくなって、モノゴコロついたときから明日の予定が決まっているという人生が始まりました。

子どものこの日常生活の真に苦しいところは、毎日の生活に点数がつくということでしょう。実際に一〇〇点、五〇点という点数の前に、お母さんがニッコリ笑って喜ぶ。逆に眉逆立ててにらみつけるという○と×があります。○がほしいから、また×のときの罰が厳しくてこわいから、何よりも親に諦められることがこわいから、いっしょうけんめい○

の生活を子どもは送ろうとします。そして親の○をもらうということは、まぼろしの子ども像を演じることであり、それを長いこと演《や》っている間に、自分のほんとうのところをさがすことができなくなってしまうのです。

ほんとうの自分を見つけ、自分はこういうタイプの人間で、こういうことをしたいのですと言う力をつけられなかった子どもは、親にとって「問題のない」子の中に多くなるのはここに原因があります。それなのに、ほんとうの自分を主張することをとことん封じておいて、一定の年齢になるといきなり「自立」を要求されます。あるいは親にとって「計画」どおり自立しないと「ダメな子だ」と絶望されてしまいます。子どもはどうしていいかわからなくなり、暴れたりうずくまったりするしかないことになります。いくつかの事件はここから生じていると、私は思います。

親は子どもを「愛している」「かわいがった」と思っていても、子どもの側から見ると「あなた方の希望に沿う子どもの役を演じさせられただけ」ということが、多くの家庭で起きていったのではないでしょうか。外から見てステキな家庭は、子どもはどうしても〝いい子〟でなければ困るのです。茶髪でピアスでバイクでダボダボズボンでは困るというわけです。この要求が子どもの心を殺していることに多くの親は（教員も）気づいていません。「殺された」人間は復しゅうするのですが、当然ながらそのことにも気づいていません。

「生きること」が見えない社会

まぼろしの「家族像」がなぜ進行していったのか、まとめて表現するのは私にはとても困難です。ただ言えることは、私たちの国は諸外国に類を見ないスピードで近代化をなしとげたと言われています。私たちにとって近代の先端としての現代社会は、きわめて便利で快適な生活を送れるようになった、豊かになったと単純に考える人は多いです。その分不安も多く、また深くなった、あるいはアジアをはじめとする外国を痛めつけた上での「豊かさ」ではないのかという思いはもちろんありますが、ごく一般的には、昔よりはいまはよくなったという思いがあります。家族も大家族で家長がいばり、多くの女が耐え、泣き、気配りばかりの暮らしよりは夫婦単位の都市での核家族の方がずっと気楽でしょう。

私のように核家族二世は、一世の大家族から解放された喜びをまだ知っています。しかし核家族三世、四世のいま、喜びよりは他の家族との競争というストレスが大きいようです。なぜこの競争が始まったのか、それは先進諸国共通の社会変化のようで、私などがへたに論じるより、他の多くの社会学者が論じていられるのを読めばおわかりかと思います。

家族が大きくてそこで生産も担っていた（たとえば味噌、つけもの、茶、ゴマ、みんな家庭で作っていた）時代には、それらの生産品に私的な匂いがありました。個性と言ってもいい、隣の味噌と家の味噌は、地方としては同じような風味だが、ほんのちょっと違っているものを持っていました。しかしいま、生産品を何も持っていない生活、消費生活だけをする核家族の中で、違いを証明するものはいったい何になっていったのでしょうか。

ここにまぼろしの家族像が出てくる理由がありそうです。隣の家は四ＬＤＫ、うちは三ＬＤＫ、でもお向かいの二ＬＤＫよりはまし、あるいは、隣の夫は○大卒、うちは△大卒、でもお向かいは高校卒、隣は持ち家、うちは賃貸……その果てに、子どもがどんなふうにおとなに利用されてきたか、もう誰でも想像できると思います。

子どもといっしょに話し合おう

問題は、モノを作るときささやかに、しかしはっきりと個性を発揮できた私たちですが、人間個人としての持ち味という形での個性はまだつかみ得ていないというところにあるのでしょう。やむを得ない自然条件の中で米や野菜を作るとき、さまざまな工夫という形で私たちは個を出してきました。しかし人間が生まれ、育つことに感動も恐れも見失ってしまって、傲慢にも人間を「つくる」と思い始めたいま（クローン人間など、その行きつく果てでしょう）、逆に私たちは個を出すことが難しくなって、ちょっとした違いを逆に差別の材料にしています。私的な領域がどんどん失われていった結果、家の広さとか学歴とか、公的な領域で作られたちょっとした違いをまるで私的な違いであるかのように思いこまされているのではないでしょうか。

あまり話を広げても、私の手におえる領域ではありません。話を元に戻したいと思います。本来私たちが拠って立つところはどこだったのか、いつも思い出さなければいけない時代のようです。ヒトは土地に植えたモノを食べ、動いて、寝て、排泄して……という有機物としてのヒトの暮らしを思い出さなければならないと思います。ヒトは元々何らかのクサイものを持っている生き物で、菌とも同居していて、そういう意味では「汚い」生き物なのです。そしてその「汚い」部分を共通に持ち、そこで知り合っていたのが「家族」ではなかったでしょうか。

まぼろしの家族のこわいところは、家族である確認を、外からの評価でやろうとする点です。私は元々家族の確認なんて不要だと思っているのですが、家族を否定することにつながると言ってよく非難されます。私は否定するのではなく、家族観というのはきわめて個人的なものだから、まわりで論じたくない、いや、論じてほしくない、特に政府に家族の中身までとやかく言ってほしくないと言っているのですが、この国にはまだまだ、縁側で祖父母と孫が戯れながら日なたぼっこ的な家族観が根強くあるから、家族はプライバシーの問題だから放っといてくれという私の言い方は通りにくいのでしょう。

実質はもう存在しないのに、家族のつながりだけは存在するかのようにふるまうこと、その上、マスコミなどから得られるカッコいいライフスタイルを演じるという二重のまぼろしに家族は囲まれています。家族間での殺人事件、子どもによる暴力事件（被害者は外の人間でも、子どもにとっては家庭内暴力である。なぜなら家族を評価する外の人は、まったく無関係な人ではないから。そのくらい、いま、家族は社会にさらされている。鋭い感性の子どもから見たとき、それぞれの家は壁もへいもすべてガラス張りに見えるだろう）が多発するのも、そのこととつながると私は思います。

つまり、昔の家族のイメージが消えないのに実質は変化し、しかもまわりの目にさらされながら評価を得たいと思ってしまうから、家族は「私」ではなく、「公」の舞台になってしまったというところに、いまの家族の苦しさがあるのでしょう。そして、さまざまな人がその年代、経験に応じて実にいろいろなことを家族にかんして発言し、情報と現実がさらに混乱していると言えます。

こんな中で、一番の被害者は子どもたちです。ヒトとして最初に生きることを身につける場が混乱しているわけです。よるべない思いを抱いていることでしょう。それなのに学校では「基本的な生活習慣が身についていない」と言われてしまいます。子どもの責任ではないはずなのに。

いま、私たちにできることは、私たちの生きていく場がどんどん変えられていることに気づき、本来、人間はどんな生き物だったのか、子どもも含めて大きな議論を巻き起こすことだと、私は思います。

初出／「月刊教育」2001年7月号（国土社）

上越K中いじめ自殺損害賠償請求事件　意見書

（二〇〇二年十一月一日）

東京高等裁判所第21民事部 御中

私は、これまでいじめ問題を取材・研究してきた立場の者として、上越K中の伊藤準君が自殺した事件に関し、第一審の訴訟記録、第一審判決を検討した結果に基づき、以下のとおり意見を述べます。

一、本件「いじめ」が始まったのはいつごろからか？

結論から言って、準君をターゲットとした「いじめ」は、夏休み中、午前六時ごろという異様に早い時間から「友人」（一般的に考える心を許したなかまという意味での友だちではないと考えるので、そういったクラスメートを指すときは「友人」と表記する）たちが遊びに来はじめたころから始まったと思われる。

二、その理由

①いじめとは何か？

　ある一人の子どもの自宅、あるいはその子の部屋に、数人で毎日行って、本人の意志も感情もまったく意に介さず、そこで時間をすごすことが「楽しい」遊びであり、それは、相手のその子がイヤがっていて、しかもそれを表現できない、つまりがまんしているからよけいスカッとするのだという「いじめ」の典型的な場面が、ここにある。

　一般的に「いじめ」は、強い子が、あるいはグループによって強くなった子たちが、「イヤ」と言えない弱い子をからかい、いやがらせ、恐れさせる行為だと言われている。つまり道徳的な「こころ」が子どもたちに育っていないから起きることと、とらえがちである。しかし、いじめとおとなたちが表現する子どもたちの行為は、子どもたちにとってはどこまでも「楽しい」「遊び」なのである。そしてこの「楽しい」中に、いじめられている子は絶対に入れない、つまり、いじめられている子がいるから「楽しい」と思うことのできる「遊び」なのである。

　いじめをされて、一九九四年に愛知県で大河内清輝君が自殺したとき、大河内君をいじめていたとされる「友人」たちは毎朝、清輝君を迎えに行っていたと報道された。清輝君のおばあちゃんは「毎朝迎えに来てくれて、なかよしだなあ」と思っていたことも報道された。

この報道に接した、当時神奈川県下に住んでいたある中学二年生の男子は、

「なかよしで迎えに行ったわけじゃないよ。見張りだよ。いじめることのできる子は絶対に逃がさないよ」

と言った。どういうことかと問うと、次のように答えた。

「彼らは清輝君をいじめることでしか楽しい時間は作れなかったし、それがなかったら学校ってほんとつまらない。そう、いじめられる子ってのはサッカーのボールみたいなものだよ。サッカーやってるとき、みんなボールは絶対に手ばなさないだろう？」

この中学生はいじめもやったし、いじめられることも体験している。その結果「友人」というものから少し距離を置いてすごせるようになった男子である。正直、このことばを聞いたときは背筋が寒くなったが、子どもたちのひとつの現実を見た気もした。

学校で勉強がわからず、授業にたいくつし、かといって幼児のように走り回って鬼ごっこもできない（教室は、これと同じような状況にあったらしく、担任の教員は授業中さわぐ生徒たちを一貫して「幼い」と表現しているが、幼児の鬼ごっこと違うのは、子どもたちだけで楽しく遊んでいるわけではなく、教師をからかったり、奇声を発したり、消しゴ

ムを投げたり、いわゆる「静かな授業を要求するおとなたち」に抵抗している点である)、そんな状態にある「友人」たちは、誰かを「いじめ」ることでしか心からわくわくする時間を持つことができなかった。

勉強をがんばってA君のように評価されることもなく、準君のようにバスケット部に入ったからといって自宅にバスケットの台を用意してくれる親もいなかった。ちょっとでも「いいなあ、うらやましいなあ」と思えば、それはすぐ「いじめ」というゲームに進む、そんな素地を、いま多くの子どもたちは抱いている。

そうなってしまった原因はおとなの作った教育システムにあり、また経済と点数による学力しか価値を見出そうとしない社会全体にもあるけれど、ここでは「いじめ」論を展開するつもりはないから原因等については言及しない。

現状として、小学校中学年ぐらいから、「ムカつく」という共通点のみでくっつく子どもたちのグループ化は始まり、「ムカつく」理由は、平等に扱われていないことだと思っているから、自分たちの方に正当性が与えられていると考える。そういう〝正当性〟を持った集団は、非常に強い結束力を持つ。この結束力の中には、ここからはずされたら今度は自分が「ムカつく存在」になるという恐怖も大きくあるけれど、友だち、なかまというつながりの気持ち(連帯感、あるいは所属感)を、誰か共通に「イヤなヤツ」を持たなければ抱けない状況もある。つまり、なかまという実感を、共通に何かをなしとげたり、共通に悩んだり、励まし合ったりというところで抱く体験がほとんどないままの子どもたちにとって、なかまを実感できるのは共通の排除の対象を持つときだけと言ってもいいのである。

そういう対象を持ったとき、やはり子どもたちは昔の子どもがなかまと「遊ぶ」ことが楽しかったと同じように、心からワクワクし、「楽しい」のである。問題は、このなかまの感じ方そのものの中にある、つまりいじめは、子どもたちがなかまを作ろうとするときの方法の問題である。

いじめられる子にはそのことがよくわかっているから、よけいはずされたことにショックを受けるし、そこからぬけ出ることが容易ではないと思ってしまう。いじめられる側、つまり、排除の対象にされたということは、どんなにあがいても、どんなに叫んでもその集団の中にいる限り、ということは、転校とか、家が引っ越しをして他の町に出ない限り、その位置からぬけ出ることは不可能に思えるだろう。必要な、しかも絶対に必要な役割なのだから。

先生や親が「友だちとなかよくしなさい」とか「友だちは大切なもの」とか言っている限り、その「友だち」のために自分は必要な役割を振りあてられ、しかも、決して「友だち」の中にはいれてもらえない屈辱的な役なのだから。そしてそのことが「絶望」になっていく。誰にも言えず、自分を責めてしまう。いじめは人間の自信を奪う。だから「ゆるやかな殺人」と言ってもいいほど、非道な、許されない行為なのである。

準君の家に、常識では考えられない時間に行き、ずっとすごし、いっしょに部活に行き、帰りにもまた準君の家ですごし、買い食いをそこでやり、そのことに準君は黙って従っている。これは真に「いじめ」の典型の姿である。そのことは、当時の「友人」、Bさんの証言からも明らかである。

準君との日常にほとんど「覚えていません」と言っている友人が多いが、この調書では「準君が死んだとき」のことを聞いている。「いけないことをしてしまった」と思ったかという問いに彼は「はい」と答え、「具体的にどんな行為、どんなことをとらえて悪いことをしてしまったなというふうに思ったんでしょうか」という問いに「ほとんどのことだと思います。朝から遊びに行ったり、服ぬがしを冗談でしてみたり、あと無視に近いようなことをしてみたり」と答えている。「朝から遊びに行く」ことは、はっきりいじめ行為なのである。

準君がそのことをイヤがっていたのは、祖母のところに逃げている点からも明らかである。いま、子どもたちは「いじめ」以外に、ここまで長時間一人の子の場所ですごすことはあり得ない。それほどの執着を個々に抱いてはいないのである。

いじめとは「遊び」の対象として、まるでサッカーボールのように、その対象になった子に執着し、その子の困惑、不安、なかまにいれられなかったという「落ちこみ」を楽しむ行為である。

相手を「友だち」として受けいれていないから、その相手は「存在しない者」になり、それが「葬式ごっこ」（東京・中野区立富士見中学・鹿川君いじめ自殺事件のとき行われた）であり、極端なまでの暴力に行って、相手を「消してしまう」（殺してしまう）こともある。いじめられた子が自殺したと聞いて「万歳」と叫んだある中学校のクラスがあるが、それは、存在しない者にしていく「完成」が自殺だったからである。

そこまで荒んでしまった「人間として……」あるいは「こころ」などの言葉は、ここでは呑みこむ。

一審判決はいじめの開始時期を、準君の遺書「○、△らは一日で態度が変わり、無視するようになった」という表現や、デイリーライフの記載「○たちと遊んで楽しかった」などを理由に、十月末ごろとしているが、これはいじめというものを知らない人の判断としか言いようがない。いじめは、長期間つづき、その中でいじめられる人間が自信を失っていくものである。自信を失っていくということは、どこまでも気にいられるように気をつかい、自分がいじめのターゲットになっていることをまわりに決して知られないように、いじめる側の言いなりになっていく行為としてあらわれる。そういう自分を弱虫と思ったり、「なんでここまで言いなりになるんだ」と思ったりしながらも、ただひたすら、最後の望み――自分はターゲットではないのかもしれない――という思いにかけて、つきあっていくのである。

しかし、いつかははっきりと無視の対象になっていることを思い知る日が来る。このとき、やっぱり自分ははずされていたのかと思ったときの絶望感、脱力感はとても大きい。きらわれないように、「友人」ではないとはっきり言われないように、一生懸命がまんして、ギリギリのところまでがまんしてつきあってきて、やっぱり自分はいじめられていたのだとわかったとき、子どもたちは自死することが多い。

一審判決の指摘しているいじめ開始の理由になったことばは、いじめの最後の段階にすぎない。もちろん準君自身、いじめとはどういうものなのかなんてわかるはずもなく、少なくともまわりに対しては「友人」というふりをしてもらえたのに、それもなくなったという絶望感に襲われたときのことばであろう。わざわざ「○たちと遊んで楽しかった」と書くのは、準君の意地、プライドのあらわれと、私には読める。

さらに準君はここから捨て身の「たたかい」をしている。みんなの前で、「友人」と意見が違う方に手をあげている。これはもう、「友人」につき従うことをやめたという意志表示である。他のいじめによると思われる自殺事件では、遺書で初めていじめの事実を明るみに出している。鹿川君も大河内君も……。いわば、死ぬ気にならなければまわりにそのことを表現できないのがいじめなのである。「なぜ早く言ってくれなかったのか」と多くのおとなは言うけれど、もし言ったとしても「考えすぎだよ」とか、「イヤだったらイヤと拒否していこうよ」「強くなろうよ」とか、恐怖の中で必死に表現する子どもの気持ちに寄り添うことばとは、ほど遠いことを言う。死んで初めて、事の重大さに気がつくというのが、いじめ事件の多くにある。子どもたちはそのことをよく知っている。それでも準君は、最後まで、孤独な「たたかい」をしている。死ぬ前に（おそらくこのころはもう死を考えていたはずだが）、みんな（「友人」のこと）の言いなりにはならないぞと表現しているのである。

そしてこの表現をした以上、死ぬしかないというところに行ってしまう。まわりを全部敵にして学校に通うことなど、こわくてとてもできないのである。ましてや自宅まで「友人」たちは来る。恐怖はひとしおだったろう。

ある日とつぜん無視されて、そしてショックを受け、短絡的に自殺する、そんなことはあり得ない。いじめはずっと、ずっとつづく長い「気配り」の果てに、なかまではなかったことを内外に示されていくことである。一審が言ういじめ開始時期は、私に言わせればいじめ完成時期なのである。

②いま、子どもたちにとって「友人」とは？

私は、一九七五年に「朝日中学生ウイークリー」の記者として学校現場に取材で通い始めた。その後「婦人民主新聞」記者としても教育を主として担当し、通算では二十七年間も教育現場から目を離さず仕事してきたが、それでもいまの子ども（正確には一九六五～一九七〇年以降に生まれた人たち）のことがずっとわからないままつきあってきた。

その子どもたちの中にはすでに親になっている人も多いが、私が特にわからないと認識したのは、一九八〇年代に入ってから次々と出会った、当時の小学高学年から中学生たちの「友だち」というものへの感じ方であった。

ちなみに八〇年代は、先述の東京・中野の鹿川君のいじめ自殺（一九八六年）をはじめ、大阪・北区で高校生二人が「いじめ」への仕返しとして同級生を殺した事件（一九八四年）、茨城・水戸市の中二少女が「もういじめないで」と遺書を残して自殺（一九八五年）、福島・いわき市の中三男子のいじめによると思われる自殺（同年）、など、いじめをめぐる事件が相次いだ。

その事実に怒る子どもたちが少ないこと、むしろいじめを注意する教員や親たちを「何もわかっちゃいない」と表現する中学生に出会って、私は、これはとても大変なズレが生じている、少なくとも一九四六年生まれの私には理解できない子どもたちの状況があると知り、特に「友だち関係」、「なかよしグループ」について取材を始めた。いわゆる、いじめが、それまでおとなから見て「なかよし」と思われるグループの中で起きていたからである。

たとえば一九八五年、福島・いわき市で「毎日一万円、一万五千円とか高額のお金を要求され」とうとう追いつめられて首を吊った佐藤清二君（当時十五歳）に金を要求していた「友人」は、いつも清二君を自転車の後部席に乗せて走っていて、当時の担任も「なかよしグループだと思っていた」と言われた。「友だち」「なかよし」がポイントだと、当時私は考えたのである。

しかし、なかなかこれといって手応えのある事実に出会わなかった。いじめによると思われる事件は、その後もつづいていたが、私は意見を求められるたびに目の前にあらわれた事実以上のことはわかりませんとくり返してきた。

いまから十年ほど前だった。ある場所で、小学生たちと話すことがあった。小学校六年生の女の子たち五～六人がひそひそと語り合っているのを、偶然、耳にしたことから話が聴けたのであるが、彼女たちは、その場にいない、ひとりのクラスメートの女の子を明日から「外（はず）す」、つまり、明朝から、みんなでその女子と口をきかないという申し合わせをしていた。私はとつぜん、彼女たちの話の中に入り、彼女たちから反発されたりしたが、その間の詳細は省く。

私は彼女たちにきいた。「その子、どんな子なの?」と。彼女たちは口々にその外されることになった女子のことを悪く言い始めた。「エバってる」「自慢する」「命令口調なの」「何でもひとりで仕切る」………。

私にとってそれらはなかま「外し」にするほどのこととはどうしても思えなかった。だから、年齢差も考えずストレートに言った。「そんなことでシカトなんかしないで、本人に言えばいいことじゃないの。命令口調はきらいだわとか、何でも勝手に決めないでって、言えば……」。

小学生たちはほぼ全員が同じ口調で「エーッ、ウソー」と言った。そして「そんなこと言えるわけない」と言い、さらに信じられないことを聞いたというふうに口々に私に反発した。わけのわからない私は、タジタジとなりながら「何で?」と聞いた。するとそのグループの中のひとりが真剣な顔で言った。

「だって、そんなこと、悪いじゃん」

私はさらにわけがわからなくなって「どういうこと？」と問うた。すると別のひとりが言った。「その人の欠点を、その人に直接言うと、その人の心を傷つける。だからほんとうのことは絶対言ってはいけない。だって、私たち友だちだもの。ただ、その人が私たちにとって不愉快な人だということは伝えたいからシカトすることにしたの。本人が反省すればまたなかまにいれてあげる」。

この小学生たちのことばの中にある矛盾をとり上げている場合ではない。私はこの言い方の中に感じることがあった。彼女たちは「友だちだからほんとうのことは言ってはいけない」と表現した。私などは「ほんとうのことが言えるから友だち」と信じてきた。もしかしたら「友だち」ということばの実態が大きく違っているのかもしれないと、このとき初めて、いま、子どもたちがつかう「友だち」という言葉のわけのわからなさに手応えのようなものを感じたのである。

子どもたちは、かつての子どもたちのようには、「友だち」ということばに「安心」という感情をくっつけてつかっていないと、私は思った。つまり、「友だち」「なかよし」などのことばは、かつての子どもだった私などには「安心できる存在」を意味するものだったけれど、いまの子どもたちにとっては、「安心」は必ずしもくっつかないことばではないかということがわかったのである。

もっとかんたんな言い方をすれば、いまの子どもたちは真の友にめぐりあうというよりは、お友だちごっこ、なかよしごっこをしているというふうに思ったのである。この「ごっこ」の中に、友だちを確認するものとして「いじめ」も入るのではあるまいか。

私たちおとなは「いじめ」を、一人ひとり独立している子どもたちが、悪いことと知りつつやっている行為と考えがちであるが、取材をつづけていくと、まず子どもたちが一人ひとり独立していることはあり得ないことを知った。

あんな子、こんな子がいるのではなく、あんなふうに見られるかもしれないと不安を抱きつつ、あんなふうに見られないように必死で演技する子どもたちばかりがいた。つまり、「友だち」と出会ったときに、「自分はこんなタイプだから」と言える子どもは高校生になっても、思ったよりずっと少ない。その場の友だちにどこまでも合わせ、その場では、その場の「友だち」に気にいられることがすべてであって、そのために懸命になる子どもが圧倒的に多いことである。

ここが、いわば「いじめ」の温床である。まずどこでも「気にいられる」ことが第一、きらわれたらおしまい、そう思う子どもが大半ということが、教育は何をしてきたのかと言われてもしかたのないことだが、ここではその話はしない。

どこでもきらわれないために、必死で気配りをする子どもたち、「友だち」になるための手続き、男の子たちの「親友契約書」(○○と△△は○月△日から○月×日まで、親友の契約を結ぶ。この期間は他の誰とも遊びません、といったもの)など取材しながら、「友人」の意味が、以前とは大きく変わっていることを認識せざるを得なかった。

準君は、こんな中で早朝遊びに来る「友人」たちにイヤな顔はできなかったが、感情はイヤだったので、祖母のところに逃げたと思われる。イヤなことをイヤと言えないのは準君の「弱さ」ではなく、準君自身、「イヤがってはいけない友だちづきあい」と思っていた可能性もある。

しかし、生き物としての感情が苦しかったので「逃げた」のであるが、それはなかなか「救われる」ことにはならなかった。

いじめはこんなふうに、「やっている側」も「やられている側」も、それとはわからないことが多い。発見する手段はただひとつ、「いまの子どものつきあい方から見て異様な執着(この場合だったら夏休みという季節に早朝からなかまが来ること、そして長時間居ること。現代の子どもたちは、学校で約束した子としか遊ばないから、夏休みなどの長期休暇中はほとんどいっしょに遊ばない)を見せる〝関係〟があるかどうかを見ること」だけだ。しかしこれは昔ながらの「なかよし」「友だちづきあい」のなかで、なかなか発見されない。

三、教員が気づき得たかどうか

①気づき得たはず

教員をかばうわけではないが、いじめ事件へのマニュアル対策は、そのほとんどが、学校現場で現実に子どもと出会っている人たちが作ったものではない。大学の先生とか、評論家とか、昔ながらの子ども観に基づき、道徳的な範ちゅうでいじめをとらえたものが多い。教員が、自分の目で見た子どもたちから学び、考えることができればよかったが、その時間も、自信も、立場も、いまの教員たちにはほとんどない。

しかも、子どもたちの具体的ないじめ行為（ズボンをぬがせたり、いやなあだ名で呼んだり、足ばらいをかけたり）は教員の目を盗んで行われる。そのこと自体がスリルになっている場合もある。だから行為からいじめを発見するのは困難な場合が多い。また、これらの行為を見ても、それらは「ふざけ」にすぎないとして、子どもたちの「幼児性」のあらわれとして片づけてしまうことが多い。

しかし、いじめが社会問題になってからすでに二十年、いじめによる自殺も数え切れないほど多くなっている現在、いつまでも「わからなかった」ではすまないと思う。特に準君の場合は、日本中が大さわぎをした一九九四年愛知の大河内君自殺後一年以内のできごとであり、大河内君の自殺を、もう少し子どもの気持ちに寄り添って「研究」していれば、少なくとも準君のまわりの姿は見えなくとも、準君の気持ちの訴えには寄り添えたはずだ。

準君の場合、少なくとも中学に入学して約一カ月後の「デイリーライフ」に、「疲れた」「死ぬ」「何のために勉強するのかわからなくなった」などの表現がある。入学時、あれだけはりきって「生徒会に入りたい」とも言っていた準君だけに、「なぜ疲れるの？」ぐらいのことばかけはしてもよかったのではないだろうか。目に見える「いじめ」に対応はとても難しいが、つまり「いじめ」を発見することは困難だが、いじめによって生じる子どもたちの気持ちの疲れ、まじめに書いたり考えたりすることへの疲れ、そういう部分には気づかなければなるまい。

一般的に、いじめ発見のサインの見つけ方などという言い方があるが、いじめそのものを見つけるよりも、それによって疲れ、病み、死にたくなってしまうほど自己否定していく子どもの気持ちを見つけるのが教員の仕事ではあるまいか。そのための「デイリーライフ」ではないのか。ましてや準君は実に正直にこの「デイリーライフ」に気持ちを表現している。自殺宣言までしているのである。その一学期の六月の表記に対し、担任は「書き方が適当になってきました。きちんと書いてください」と返事しているが、これはどこまでも評論家のことば。「いいかげんになっている」と思ったら、本人に「何かあったか？」

ときくのが教員のことばではないだろうか。真剣にこのノートを読んでいたのか疑いたくなる。

私が取材したいじめ事件は、中学でひどい状態になってから「発見」されることが多かったが、小学校時代からつづく子ども同士の関係性がその根にあることが少なからずあった。そういう意味で、中学一年生という学年は、小学校時代の関係がどんなふうに出てくるのか注意していなければならないのだが、その認識は、教員たちになかったのだろうか。生徒指導対策のような資料に、そのことが書かれているが、具体的には小学校の教員と話し、友だち関係の中の強弱の位置が、中学校にどんな形で持ち上がっているかまで調べなければ意味がない。

また、準君へのいじめを見つけることが困難だった理由のひとつに、同じクラスでいじめを受け不登校になったA君の問題があったという。そちらに時間をあるいは関心を向けていて準君のことに気づかなかったというが、それはいじめへの対応としてはとてもおかしい。A君に対するいじめがあったと教員が認めているなら、クラス全体の問題となるはずであり、当然、他にもやられている子はいないか、学級、学年、学校全体で話し合われることだと思うからである。

一審で原告側が主張してきたとおり、いじめる側にいたと思われる生徒たちが授業妨害をしてきたこと、妨害の柱に、いじめっ子たちがいじめられる子たちにまじめに勉強することを許さないような状態があること、そのこと自体がいじめのひとつの姿であること、いじめる側の子たちと準君は一見して〝違う〟タイプの子どもでありながら同じグループに所属しており、A君へのいじめが見えたのなら同様に準君もやられているのではと考えられることなど、少なくとも学級を見るだけでいじめは気づき得ないはずはないと、私は考える。

ただ、一般的に教員は、いじめに対応しようとすると現実としてはクラス全体を向こうにまわしてやり合わなければならなくなる。そのために全体の問題より個別の問題として片づけようとする傾向がある。本件でもA君への対応で手いっぱいだったとすれば、それは根源的ないじめへの対応ではないことを示している。いじめは集団の中で、構造的に起きるのに個別対応ということは、はっきり言ってしない方がましの対策なのである。

②学校教育の意味

私は本裁判を一審の記録で知り得たのみである。準君の自殺の事件は報道等で知っていた。そしていま、準君の自殺の原因が、準君が書いた家族の記録等から、家庭内のトラブルのみに帰結しそうな流れに、怒りを禁じ得ない思いを抱いている。

準君の家庭は確かに、絵にかいたような「まともな」家庭ではなかった。両親は離婚し、父親はいわゆる女出入りをくり返していた。思春期の準君の気持ちが大きく揺れたことは事実だろう。

しかし、誤解をおそれずにいえば、絵にかいたような「まともな」家庭など、どこにも存在しないのである。離婚は増えつづけているし、父母が人生を生きる途中であることを考えれば、恋愛事件もまた、多くの家庭で抱えている。

いじめは学校で起きる。対応は学校しか、言いかえれば教員しかできない。子どもの自殺は、学校にも、家庭にも居られないとき起きることが多い。現にK中学でも、いじめられたA君は父母による〝抗議〟と、A君自身の不登校という形で生命は救われた。しかしこれは、現実にはA君およびその家族に、大変な勇気を必要とし、しかもストレスを与える行為である。多くの家庭では、この勇気を持つことができず、子どもを学校に行くよう「励まし」、いじめられて拒否できない「弱さ」を「叱り」、結果的にとりかえしのつかない事態を招くこともある。

準君の場合、私の推測ではあるが、おそらく昔ながらの子ども観を持つ父親あるいは祖父に、いわゆる「しつけ」を厳しく受け、「男らしく」「誇り高く」という価値観をもって育てられたのだろう。事実、準君の父親は、準君のことを勝ち気で、誇り高く、スマートでありたいという個性を持った子というふうに表現している。

しかし、それは子どもの側から言うなら「親に弱さを見せられなかった」ということにもなる。親が、自分の人生の迷いで忙しいとき、子どもは親に相談できなくなるし、ましてや「男の子だろう、強くあれ」という価値観がそのまわりに強いとよけい表現できなくなる。なぜなら、子どもの多くはいじめの原因を自分に据えるからだ。いじめられた子の多くが「自分が弱虫だからいけない」「私が性格くらいからダメなんです」と言う。いじめは自己否定の心を育ててしまうのである。自分を弱いと思った子は、「強い」（正確には「強く見せている」）親には、ほんとうのことが言えなくなる。

準君は、しかし、祖母という逃げ場を持っていた。まったく逃げ場を持たなかった、他の子どものケースよりはずっといい。ただこの祖母も、やはり以前の私同様、「友だち」というものに幻想を抱いていたから、準君の真の助けになることは困難であった。

親は、言いかえれば家庭は千差万別である。どんな家庭の子も、学校には来る。それらの子どもの悩み、苦しみにすべて学校が気づくことは不可能だろう。しかし、たとえ百歩譲って原因が家庭であった場合でも（この準君の場合は、いじめが原因だから、家庭が理由ではないこと明らかだが）、子どもの訴えをキャッチできなかった無念さ、反省の弁は、学校関係者にあってしかるべきである。ましてや学校でのいじめが原因と遺書に書いていのちを断ったのである。学校に何ら責任がないとは、どう考えても言えないはずである。

学校教育とは、特に公立の義務教育の場とは、どんな場なのだろう。それは、自分で選んで生まれてきたわけではない子どもが、さまざまな家庭の苦労を抱えて学校に来たとき、その重荷を少しでも軽くしてやれる場でなければならない。現実が、言うほどかんたんでないことは百も承知している。しかし、少なくとも、それをめざすべきであり、それができなかった反省は教育関係者としてすべきであろう。

私自身、職業軍人だった父親の暴力の中で育った。戦後をどう生きたらいいかわからなかったであろう父は、酒に逃がれ、戦後すぐ生まれた私と、二歳下の妹と、私の母の三人を毎晩のように殴り、蹴り、飛ばした。子どもが親から殴られながら育つ真の苦しみは、痛いことでも、ケガすることでもない。人間として基本のところに自信を持つことができないまま育つことである。

そんな私は死ぬことばかり考える中学生だった。自分に存在する意味がないと思っている（このことをいのちを大切にする心が育っていないというのだろう）私に、ある男性教師が声をかけてくれた。いつも、会うといつも、たった一言だった。

「よく、がんばってるなあ……」

私はこのことばに救われた。私を見ていてくれるおとなもこの世には居ると十三歳で初めて知った。自分もここに居てもいいのではないかと思った（自分のいのちを認めたといえるとき）のである。

教育の場は、千差万別の家庭からやってくる子どもたちに、その家庭の苦しみを認知させ、一人ひとりのいのちを認識させる場のはずだ。準君の死の真の原因がどこにあろうと、少なくともそれを救うことのできなかった痛みは表現すべきだ。教員として、学校として、教育機関としての反省は表現すべきだ。そうすることが、多くの子どもたちの学校への信頼を生み、準君の死をむだにしないために絶対に必要なことと考える。

（一九九五年十一月、新潟県上越市の中学一年の伊藤準君が、「いじめられていた」という遺書を残して自殺した。この件に関する損害賠償請求事件の控訴審で、新潟市の弁護士・近藤明彦氏らから依頼され提出した意見書である。裁判はこの控訴審で、裁判所からの強い指導のもと、和解が成立した。）

家庭・地域はウザったい?!

――「渋谷・少女監禁事件」から考える若者の現状

今年の七月もまた私は、教育がらみのいくつかの事件にかんし、いろいろな人に意見を求められ、忙しい日々をすごしました。ここ数年、六月、七月といった夏休み前に事件が多くなっています。七月九日、長崎県で、四歳の男の子を殺害したとして、十二歳の中一男子が補導されました。十三日、福井県で、三十三歳の男が手製爆弾を爆発させ、本人が全身やけどで重体になりました。背後に「高校時代のいじめへのしかえし」があったと言われ、教育がらみの事件だと私は考えています。そして十七日、本稿に最も関係のある事件が明るみに出ました。十三日から東京・渋谷で行方不明になって安否が気づかわれていた都下・稲城市の小学六年生の女の子四人が、赤坂のマンションの一室に監禁されていて無事保護された事件です。

マスコミは一斉に「渋谷」を取材しました。通りのあちこちですわりこむ少女たちにマイクを向け、「なんで渋谷に来るの？」と、バカバカしい質問をくり返していました。答のほとんどは「楽しいから」。当たり前のことをきくな！　と、私はテレビに向かってつぶやいていました。この少女たちの映像の上に「危険な街」、「誘惑」「漂流する少女」などの事件の背景を追う報道としてはまったく意味不明の、しかし何となく見ている者を「そうだよね」と得心させてしまう文字が重なりました。ここに私はいま、教育とか子どもとかにかんする現実に対し大きな錯覚があると思います。その錯覚の上に、そういう意味では当然とも言える鴻池青少年育成推進担当大臣（当時）の「少女は加害者か被害者かわからない」という発言です。

現状を知らない人のことば

この発言は撤回されましたが、実に大きな問題を含んでいます。おとなが、しかも「青少年育成」を考える政治の担当者が、子どもや若者の現状をまったく知らないことをはっきり示しているからです。この人のいくつかの発言にはハラが立って、私は一晩眠れませんでしたが、ここではがまんしてテーマに戻します。

今回の「渋谷」の事件で注目するのは、マスコミが言った「漂流」ということばです。

小六は法律的には「児童」ですが、私は実態に合わせて小五から二十歳ぐらいまでの若者をまとめて「さまよう世代」と表現します。一昔前のように「思春期」と言っていたら、精神的、肉体的な変化だけではなく、居場所を求めてさまよい歩く、つまり「漂流」する十代や二十代の若者たちを含むことができない実態があります。それは文字どおりの「漂流」です。自宅や自宅が見えるという意味の地域を遠く離れて、彼・彼女らはさまよいます。むしろ離れることが「楽しい」ことのようです。街の誘惑に吸い寄せられる面もあるでしょうが、何より彼・彼女たちの心の底に「自宅や地域を離れたい」欲求が存在すると思われます。

「渋谷」の事件を追うなら、少女たちを食いものにしてきた会員制の組織らしいから、そこに名をつらねた会員の正体をこそ追ってほしい、少女を追うのは筋違い、取材をラクな方ばかりに進めるな、などいっぱい思うことはありますが、いまはこの「家・地域から離れたい」ことに沿って考えます。

おとなは見抜かれている

以前、東京・池袋で、いわゆる援助交際をしている女子高生に話を聞いたことがあります。東京在住の人ならよく知っている私立の名門と言われた幼・小・中・高・大一貫の女子高生たちでした。

取材の詳細は省きますが「こんなことして、お母さんが知ったら悲しむよ」と言うと、「大丈夫、うちは門限だけ守ればいいの」と答えました。「学校は?」と問うと、「大丈夫、遅刻しないで、制服さえちゃんとしておけばいいの」――。

ああ、おとなはすっかり見抜かれている。家庭でも地域でも「何の問題もない、いい子」が起こす事件が多いのは、家庭でも地域でも「問題ない」フリをする子ども・若者が増えたということではないか、家庭・地域は、そういう意味では演技空間になってしまっていると、私は考えていきました。

新聞記者をしていたころ、小・中・高生に「お母さんの叱り方で一番イヤなのは?」というアンケートをとったことがあります。断トツに多かった答は「くどい」というものでした。

当時中一の男の子は言いました。「うちのお母さんなんて最悪! 怒ってるうちにひとりで興奮しちゃって、何日も前のことを持ち出すの。ひどいときには何年も前のことを持ち出してグチャグチャ言う。チョー、ムカつく」。私は内心ドキンとしました。自分もやっていたことでしたから。

この話を私はさまざまな子育てに関する講座でしゃべります。叱り方のノウハウとしてしゃべるわけではありません。この話の中にけっこうしんどい親と子の関係が見えるからです。

親は、子どもの生まれたとき、幼いときを知っています。そして子どもは一日、一月、一年ごとにぐんぐん成長していくのに、親の意識はなかなか同じように成長しないのです。子どもはもうクリアして、その部分は承知しているのに、横でずっと子どもの過去（ほとんどが「できなかった、未熟なこと」）を知っている人が、いつまでもその過去を基点にものを言います。子どもはウンザリしています。

「いい子」を演《や》らせてきた

しかし家を離れては食べていかれないし、学校も何とか行っておかないと損だし、形だけまわりに「わかった」フリをするように、だんだん子どもたちはなっていきます。それが「門限守ればいい」「制服をきちんとしておけばいい」の中身です。

つまり私たち親や教員は、子どものタテマエの演技にだまされ、「ちゃんとしたいい子」ととらえてしまうことも多くなりますが、それは私たちおとなが子どもたちに対して要求してきた、もっとはっきり言えば強制してきた結果ですから、何とも痛いシッペ返しと言うほかないようです。

「渋谷」の少女たちは、危険への免疫性は少なかったと思います。それを「甘い」というのは、幼児に車の危険を伝えても飛び出してしまうことと同じです。「危険」の具体性は伝わっていないのです。危険どころか、この少女たちはおそらく「胸ワクワクさせて」家を出たと思います。演技しなければならない自宅や地域を遠く離れ、何があるかわからない分ドキドキする「楽しさ」を味わっていたと想像されます。

誤解をおそれずに言えば、そのワクワク、ドキドキは、私が育った高知県・中村市の四万十川という大河、その上流に向かって、夏の一日、友だち数人でひたすら泳ぎ歩きのぼったときを思い出させます。

夕暮れになって、帰りみちがわからず、心細さでみんなで泣きながら、やっとの思いで帰り着いたときのことと重なります。自立に向かうちょっと前のころ、冒険してみたくて、親から「行ってはいけない」と言われれば言われるほど行ってみたくて、そして夜の真の闇や、食用ガエルの「ウォン、ウォン」というまるで犬のような鳴き声や、おどろおどろしい恐怖にさいなまれて、その果てに、自宅のある集落の灯が見えたときのうれしさ――。

ただ「渋谷」は、私の体験とはまったく逆に、灯がいっぱいあって明るいから危険だったわけで、私が味わったほとんど動物的な恐怖とは違います。危険が、いまのほうがずっと具体的で、昔のような「おばけ」の類ではないだけに恐ろしさもひとしおです。

そして何より、いまの子ども・若者にとって家庭・地域の「灯」は、「渋谷」の明るさの前ではとても暗いものになっているという事実が問題なのです。

いま、私たちがやれること

「家庭・地域」ということばが実体のない、ことばのみのものになっていないでしょうか。これはまじめに考えたらこわいことです。人間という生き物が、食べ、排泄し、起き、動き、眠る、最も基本の場が現実感のないものになっているかもしれないということです。

また、ことばのみということは、さまざまな形態の家庭、家族があっていいし、現に存在しているのに、あるべき家庭像（私は「まぼろしの家族像」と呼んでいる）を押しつけるから、子どもたちがさらに家庭に現実感を抱けなくなっていることを意味します。人の生きる現実が「まぼろし」になってしまっているのです。現実を認めないで、あらゆる場面で空想の家庭を語りつづけるからそうなるのです。

いま、私たちがやれることは、せめて子ども・若者たちに、「いい子」としての演技をしなくてすむようにしてやることです。そのためにはまず一番に、私たちの中に根強く巣くっている「いい子」のイメージを根底から払拭することです。いざやってみるととても難しいことですが、ここを本気でやらないと子ども・若者は家庭・地域には決して帰ってこないし、帰れないでしょう。

具体的には、長崎の幼児殺害事件の加害少年が在学したという中学校の校長が、記者からきかれて「期末テストで五〇〇点満点で四六五点をとれる子でした」と答えるような場面をなくすことです。きく方も答える方も、子どもの成績、出身学校を問題にすることをやめることです。意外にも、子ども・若者を表現するとき、成績と学校名（特に高校・大学）をはずしたら何も語れないということがあります。私たちはその人個人を語るとき、点数と校名しか中身を持ち得ていない現実を生きているのです。

家庭・地域が子ども・若者たちにとってホンネの言える場所、ということは言い合いもケンカも、あらゆるトラブルを地域が抱えるということだけれど、そういう場所にならない限り、「渋谷」の灯は明るさをますます大きくしていくでしょう。

初出／「まなぶ」№５４６・２００３年増刊号（労働大学出版センター）

第三章　現行「教育基本法」を守ろう！

ゴロンゴロンする子どもは不快？

――親の不安をからめとる「奉仕活動」

親の不安は限りない

「高校生の息子がいま、すっかりやる気をなくしていて、学校にも行ったり行かなかったり、友だちと遊ぶでもなく、本を読むでもなく、ゲームを時折やっていますが、それもすぐ投げ出して……。どう声をかけてやればいいのか、叱っていいのか、見守るべきなのか、私、どうしていいのか……」

――ある母親からの相談。親の不安は限りないなあと、改めて思う。高校生の年齢で学校という居場所を確保しているのはとりあえずよかったと思うし、友だちといっても親から見てとても〝困った友だち〟と遊んで家に帰ってこない子よりはましだし、本を読みすぎて暗い顔でブツブツ言っている子どもがこわいと言ってきた人もいたし、また多くの子はいま本なんて読まないし、ゲームづけで昼も夜も目をランランとさせていてどうしましょうという人に、ゲームすらすぐ投げ出すということばをどう伝えたらいいのか――。

この高校生の姿、私にはごくふつうの、どこにでもいる、家でリラックスする高校生の姿に見える。私が個人的に相談を受ける、とても深刻な場合とくらべれば、とても幸せ（？）そうにすら見える。

しかし問題は、この高校生をどう見るかにあるのではなく、母親の言う「すっかりやる気をなくしていて」という部分にある。この男の子は小・中とずっとトップクラスの成績で、スポーツも万能、「いつもいきいきと元気だった」という。塾にもおけいこごとにも通い、いつも走っていて、元気で、「見ていて気持ちがよかった」と、母親は言う。

では、いまの彼の姿は「気持ちよくない」のだろうか。そう問い返すと、「気持ちよくないというほどではないけれど、とにかく不安なのです」と言った。そうか、不安なのだ。多くの親がそう言う。かくいう私も、いま二十五歳の息子が部屋でゴロンゴロンしている（この言い方そのものにある〝評価〟が含まれている）と、どうしたのかしら？　と不安になる。ましてや中・高生という思春期まっただ中の男の子（女の子はさほど言われない。ここにも大きな問題はあるが、今回はそれは置いて）がゴロンゴロンしていると、いったい何があったのだろう？　という不安と同時に、この子、このまま、何もやる気を持てない人間になるのではないかと思うから、さらに不安になるのだろう。

この不安を「みごとな」までにすくいとるのが、実は、教育基本法改悪案の中の「奉仕活動」である。「奉仕活動」の部分は一般には「押しつけ」として批判されている。しかし多くの無言の親たちにとって、「奉仕活動」は「押しつけ」よりも「救い」、つまり不安を少し減らしてくれることなのである。

計算あるのみ、計画あるのみ

親というものはここまで子どもの懸命にガンバル姿を見たいものかと、よく思う。「部活やめちゃったんです」「とうとう帰宅部になっちゃって、青木さん、どうしましょう」などの〝悲鳴〟は、いまでもちょくちょく届く。部活動、特に男の子にとってはスポーツが子どものゴロンゴロンを防ぐものとして大きく奨励されたのが二十数年前。そのころ、はっきり言った人がいる。「スポーツで汗流していたら、非行に走るヒマはない」と。一人二人ではなく、特に年配の男たちは言った。運動部内での「いじめ」、先輩から後輩への恐喝、暴力、いろいろ実態を知っていた私は「それはとても乱暴な押しつけです」と反論してきた。

いま、学校がどんどん小規模になり、統廃合をくり返しても昔のような子どもの数は集まらない。それに合わせて教員の数も減らしてきたから、各地で部活の指導者がいないという現象が、もう何年も前から起きている。体育系の部活は卓球のみ、文科系は美術のみという学校も、複数で存在する。

そんな中で、冒頭に書いた高校生のような姿は、あちこちで見られる。また、この高校生の場合は、幼いころから親の〝期待〟に沿ってがんばりつづけて、いま、ちょっと疲れたという面も大きい。

「ちょっと休ませてやってくださいよ」と言うと、「いつか動き出すでしょうか？」と問う。「必ず」と言うと、「だいたいいつごろでしょうか」——。「それはわからない」と言うと、「それでは困るんです。どのくらい待てば、どうなるのか、はっきりしないと予定が立たないし……」。

ここにはわが子への、いまをいっしょに生きるという連帯感すらない。自分の人生の予定を立て、その中にすっぽりはまるモノとして子どもをとらえている。この高校生の孤独感が伝わってきた。高校時代から「とじこもった」息子を、不安に耐えながら、実に七年間も待ちつづけた親もいる。そんな例も話したが、なかなか彼女の〝不安〟はとれないようだった。

そう、この母親の息子へのイラだちは不安などという人間的な感情ではない。計算あるのみである。自分の計画あるのみである。子どもにいい学校を出てもらって、いい会社に入ってという一昔前の計算ではない。とりあえず問題を起こさず、静かに、おだやかに、親の枠の中で育ってくれればいいという計画なのである。

「親」はいつでも「国」といれかわる

だから「奉仕活動」は、ことばに違和感を抱く人はいても、「基本的にはいいことじゃないの。なんで反対するの?」ということになる。何よりも親が抑えこめないところを国がやってくれるのだから、親にとって「気持ちいい」キビキビした活動を、国がわが子に教えてくれるのだから、ちょっとラクになるという状況があるから、事態は楽観できないのだ。

「親」はいつでも「国」といれかわることを私たちは歴史でいっぱい学んできた。だからこそ「親」の中身を考えよう、「親」は子どもに対し謙虚になろう、子どもの権利についてなど書き、語ってきた。しかし見ていて「気持ちがいい」という感情、感覚の部分に入りこんでいくことはとても難しかった。「親や先生から見て〝気持ちいい〟ことは、子どもの方から言えばじっとがまんのつらいことなんですよ」と言ったりもしたが、なかなか「気持ちよくない」ことに耐えろということは広がらなかった。

教育基本法改悪の流れを「国家主義のあらわれ」ととらえ、「再び戦前の世界を作ろうとしている」と言う人は多い。私も、それはそうだろうと思う。だいたい、法律の条文、しかも「基本法」の条文に自分たちの主張する文言が入ればバンザイという姿勢そのものが国家主義的なのだ。錦の御旗を振りかざしたい、きわめて古くさい、権威主義的な思いがミエミエなのだ。

それでもやはり、いきなりこんなことばを親たちに言っても、サッと逃げられてしまうのが現実だ。自分たちの子どもへの「不安」の質を考えようよ、こどもがゴロンゴロンしているときがあっても当然じゃないの、いつもキビキビ動いて、号令がかかれば即座にビシッと立つなんて、そんな子どもが多くなるなんて、少なくとも私は「気持ち悪いよ」と語っていこうと思っている。いつも「不安」をかすめとられ、利用されてきた親と子ども、そして結果は一番苦しめられてきた女と子どもたち、そこに目を据えて、教育基本法改悪の真のネライを言っていきたい。

初出／「インパクション」135号・2003年4月15日発行（インパクト出版会）

家庭の教育力とは何を意味するのか

数年前になるが、神奈川県のある公立中学校が、校区内の小学校の親たちにまで、次のような内容の印刷物を配った。「いまの親・家庭には教育力がない。だから我々教員は、家庭の中にどんどん入っていかなければならない。そして家庭の教育力を高めるように、親を指導しなければならない……」――。

あきれかえってものが言えなかった。文書の中身にもア然としたが、こういうものを学校として家庭に平気で配る、その世間知らずぶりにびっくりした。私は文書を持ったまま「教員と親の理解」などのことばの空しさを感じていた。

あとになってこの文書は回収されたようだが、批判があって回収したのか、自ら気づいて回収したのか理由は知らない。後者の理由で回収されたのならまだ希望もあるが、何よりもこの文書は百歩譲って言うなら、教員たちの内部文書にすぎない。中身は困る内容だけれど、内部の研修で、親や家庭のことをこの程度は言ったりするだろう。それはあるだろうが、もしこの種の文書は内部資料だという認識がなかったとしたら、それを思い上がりと言わないで何と言えばいいのだろう。

ただここで問題としたいのは「家庭の教育力」とは何を指すのかという点だ。だいたい「家庭教育」なることばがつかわれ始めたとき、その中身に大いなる疑いを抱いたが、これらのことばを最初につかった人にきいてみたい。そもそも何を指して使われたことばなのですかと。

まぼろしの家族・家庭像

取材とか講演で全国を歩いている。もう二十年近く、子ども、家庭、学校の問題を考えながら生きてきたが、ここ四、五年大きな変化を感じている。それは、いま二歳から五歳ぐらいまでの幼児を育てている三十代半ばの親たちの多くが、「まぼろしの家庭像」を追いかけているのではないかということだ。

たとえばこんなことばを耳にする。「ステキな家族だと思われたいんです」「なかのよい、若々しい家族に見られたい」。私はそのつど「誰に思われたいの?」「誰にそう見られたいの？」ときく。大半の人が「まわりに……」と答える。

「まわりって具体的に誰？」とさらにきくと、「近所の人とか友だちとか……」という人もあるが、ふと我にかえったような表情になって、「ほんと、そう言えば、まわり、まわりって言ってきたけど、具体的には誰のことなんだろう。変ですね」と笑い出す人もいる。

問題は「ステキな家族」「なかのよい家族」の中身だ。ある公民館の若い母親たちの講座で、これを話し合ったことがある。出た結論は次のようなものだった。

「ステキな家族とは、ファッショナブルで、知的で、個性的なこと」「なかのよい家族とは、いつも明るくて、共通の趣味（テニス、卓球、ボーリング、ガーデニング等）を持っていること」――

言ってみれば、テレビのマイホームのコマーシャルに出てくるような家族だ。ハンサムな夫（父）、美人の妻（母）、そして利発そうな男の子と女の子一人ずつ――悪そうな男ばかり五人の子どもとか、うるさそうな女ばかり四人の子どもというの家族は、まず、ない。どこにでもありそうだけれど、現実にはそうあるわけでもない。〝標準家庭〟が、人数構成の上で求められるようだ。そのために子どもを男女一人ずつ「産み分けます」という言葉を聞くのも、以前ほど珍しくない。

まず、こうした理想の構成がある。そして次には当然、見た目の姿が大事になる。私はもう夫や妻、つまりおとなは何とでもご自由に、と思っている。ステキなはずと信じてペアルックを着ればいいし、セーターを肩や腰に巻きつけて、若々しく歩けばいい。つらいのは子どもたちだ。

「ステキな家族」の一員である以上、茶髪もピアスも、あってはならないファッションになる。親の考えるファッショナブルな家族に、中・高生のファッションは市民権を得ていない。

「なかのよい家族」の一員である以上〝反抗〟してはならないし、父母にどならせてもいけない。息を殺していい子を「演《や》る」ことになる。これのどこが「個性的」なのか、と思うが、それを言い出せば紙数が足りなくなる。

「まぼろし」を産んだもの

どうして、いつから、こんなふうに、形にこだわり始めたのだろう。具体的には誰だかわからない「まわり」を気にして、それに合わせるように生きるようになったのは、いつごろだろう。

「十七歳の事件」とか少年事件の「凶悪化」という表現に、自分が歩いてきた現実とのズレを感じ、一九九九年くらいからの「事件」をひろって考えた（その一部は『孤独な、なかよし――あいつぐ事件に思うこと』という本にまとめた）。そして気がついたのは、いま五十五歳の、戦後すぐに生まれた私のような世代の人間を「エッ？」と絶句させる事件は、むしろ三十代半ばの人たちによって引き起こされているのではないかということだ。

一九九九年の下関殺傷事件は三十五歳（当時）、東京・文京区・春奈ちゃん殺害事件も三十五歳、二〇〇〇年の新潟・少女監禁事件は三十七歳、二〇〇一年の大阪・池田小学校襲撃事件は三十七歳、兵庫・女子中学生手錠放置事件は三十四歳等々、思いつくままにあげただけでもこれだけある。

誰かを憎み、その人に直接怒りをぶつける従来の「事件」とはまったく違う様相がある。動機において、やり方において、どこか加害者の未成熟を思わせる事件ばかりだ。そう、そこから見えてくるのは、まるで幼児のような三十代の姿だ。

さらに問題なのは、この加害者とされる人たちは、それなりの教育を受けた人たちで、さほど貧しい家庭に生まれ育ったとは思えない人たちであること。下関事件を起こした人は、子どものころは「親なら誰でも自慢したくなるような子」で、両親とも教員と報道された。春奈ちゃん事件を起こした人は以前看護婦をしていたキャリア組の主婦（？）、女子中学生を手錠をかけたまま高速道路に放置し、後続の車にひき殺されるという事件を起こした人は、現職（休暇中だが、やめていたわけではない）中学教員だった。学校でも家庭でも「いい子」だったらしい人の事件が多い。

この人たちの生まれたのは一九六〇年代の半ばが多い。仮に一九六五年生まれをモデルに考えてみると、この世代の人の生まれ育った時代の特異性が見えてくる。

六五年は皮肉にも「期待される人間像」が叫ばれた年。前年の一九六四年は東京オリンピックで、そのときの標語は「より速く、より高く、より強く」だった。これはその後のこの国の数十年の価値観になった。すさまじい競争とスピード、その中で、こわいことだがそれをあまり認識することなく育てられた人たちが、いい年になって、まるで自分の子ども時代をとり戻すような性質の事件を起こしている。

経済的な豊かさと学歴（決して学力ではない）は手にいれたけれど、そのための方法がいびつだったため、人間としてゆっくり育つことができなかったことを、これらの事件は教えてくれる。欧米が百年かかってなしとげた経済成長をたった二十年でなしとげた〝奇跡〟の国だと言われるが、その〝奇跡〟はゆっくり育たなければならない子どもたちにとっては「ひずみ」になったと言わざるをえない。

「家庭の教育力」なるものがもしあるとすれば、この「ゆっくり育つ」ことであり、それは時代のスピードとは絶対に共存できなかったものだろう。

昔の家庭で学んだこと

二〇〇一年の年末、私はいつものように夫の生家である福島市郊外の家の台所で、ニンジンを山のようにセン切りにしていた。この地方独特の正月料理・イカニンジン（何とストレートな名前）を作っていたのである。ニンジン、スルメイカ、数の子などを酒としょうゆであえたものだが、四国生まれの私もいまでは大好物である。すぐそばで夫の母が「昔は、これの何倍も作ったもんだ」と言いながら、太いハサミでスルメイカを切っている。

そこに、スーパーに買い物に行った夫から電話が入った。「あのサァ、アンコだけどね、つぶアン？　こしアン？」と問う。「つぶアンよ」と私。答えながらふと思った。私が子どものころは当然、アンコも自宅で作っていたなあ……。

正月が近づいたある日、祖父はうすときねを引っ張り出し、井戸端でゴシゴシ洗い始める。布袋を抱えた祖母は陽の当たる庭にむしろを敷き、アヅキをザッと広げ、少しの間、干す。それを箕（み）という竹製の、チリトリのおばけのようなものにいれて、家の下を流れる四万十川から風が吹き上げるがけに行く。そこで箕をザッザッと上下させると、アヅキの中にまざっていた枯葉やワラくずが風に巻き上げられて飛び出していく。

夜は電球の下で、祖母、母、私もいっしょに、小さな盆の中にアヅキをとり分け、虫の入った豆や、黒くなったり枯れたりした豆をひとつひとつとりのぞく。そしてやっときれいになったアヅキが集められ、アンコづくりが始まる。

私たち子どもは、それらの作業ひとつひとつを見たり手伝ったりしながら、心の底からワクワクしていた。正月に、新しい下駄と赤いゴムまりを買ってもらえるのだ。どんなに楽しみだったことか……。

いま、アンコはスーパーで売っている。先ほどから肩こるなあと思いながら切っているイカニンジンも、いまはスーパーで売っている。しかも、買った方が安い。

そう、いま、子どもたちのまわりにないのは、このワクワクする時間なのだ。モノはいっぱいある。おいしいものもいっぱいある。しかし、あのワクワクと待つ瞬間は確実に失われた。失われてないにしても極端に少なくなった。

もし、家庭の教育力なるものがあるとしたら、それはこの「時間」を意味していたのだろう。種を蒔き、育て、収穫し、いろいろな過程を経てやっと食べることができる、その時間と、当然その途中でやらねばならない労働、作業、それらの中から伝わるものを家庭の教育力というのではないだろうか。待つことはガマンにつながった。待ったからその喜びも大きく、それは感謝につながった。

生活の現状は……

しかしいまは、現実の生活は大きく変わったのに、耐える力とか感謝する心といったことばだけが、子どもたちに要求される。だから「まぼろし」になってしまう。実体がないのだから。家庭の教育力ということばを最初につかった人は、その教育力の中身が気の遠くなるような作業を意味することだと、わかっていたのだろうか。わかっていなかったから、形だけ、お母さんの愛情、お父さんの厳しさなど、気味悪いことばを並べるしかなかったのではあるまいか。

「家庭の教育力」を要求された側も、もう教育力の中身をイメージできる体験がないから、形だけやろうとする。子どもの弁当を、三十品目を考えて必死で作り、感想を求めて、子どもから「うるさい」と言われたりすることも起きる。そしたら「親が必死で作ったのに、何よ、その言い方は」となり、子どもは「誰があそこまでやってって言ったよ」と反論、母親は「うちの子には感謝の心が育っていない」と嘆く——。こんなことも起きる。

実体が不分明まま、ことばだけで責められるとき、家庭という、なま身の人間が生きるための場では、とんでもないことが起きてしまう。家庭生活を営む人が、家庭の教育力が落ちたと思うと、そして、何とかしなければと考えると、そこにはことばだけの「厳しさ」

が出てくる。ことばだけの「厳しさ」はすぐ暴力に転化してしまう危険性を持っている。

現代のように細やかな天気予報がない時代、たった一晩のゆだんのために、苦労して育てた青菜を遅霜で全部ダメにすることがあった。畑にしゃがみこみ、ぬれたまま枯れてしまったような葉をなでている祖父を見たとき、身が引きしまるような「厳しさ」を、私は知った。自然の中で、懸命に生きても、どうにもならないことがある——そういう「厳しさ」を知った。それは同時に、人間の限界としての「弱さ」を知ることでもあった。だから自然とたたかって負けた、その日の祖父が尊敬と同時にとてもかわいそうに思えて、私は何も言えず、祖父の手を握った。

「弱さ」と同時に、むしろ裏と表のように存在する「厳しさ」「強さ」を二、三十年ほど前からの生活の激変の結果、子どもたちに伝えることはとても難しくなった。「厳しさ」は叱咤激励になり、どなり声になり、暴力になった。つまり「弱さ」を認めない、むしろその反対に位置するものになっていった。「しつけ」は、私は生きるための技術を伝えることと言いかえているが、いつの間にかただ叱るだけの、子どもを従わせるだけの方法になってしまった。

児童虐待が社会問題になっているが、虐待していると責められた人がよく言うことばに「虐待ではない、しつけです」がある。ここ数年、あちこちの講演会場で必ず出る質問に、

「子どもをきちんとしつけなければならないと、ちょっとビシバシやると、虐待じゃないかという目で見られる。どうすればいいか」というのがある。

「しつけということばを使うからビシバシやってもいいということになるんです。しつけではなく、生きていくための方法を教えるという視点に立てませんか」と答える。答えながら、いま質問している若い親も、幼いころからスピードを要求され、厳しく「しつけ」られたのだろう、ことばだけで……と思う。

何ができるか

そんな状況の中、家庭で何ができるかと考えると、途方にくれる。家庭とは何か、それも考えたいと思うと、身動きできなくなる。

それらを含んだ上で、あえて言うとすれば、まず、家庭は休息するための場であったことを思い出したい。幼い子どもが、好奇心むき出しで外をのぞいて、ちょっと足を出してみて、こわい思いをしたとき、懸命に逃げこむことのできる巣、それが家庭だったはず。家庭までが競争の対象になってしまうと、子どもは逃げる場所を失う。とりあえずできることとして、家庭はガンバル場所ではなく休むところ、ボーッとできるところと位置づけることだ（家庭の教育力ということばは、このことをはばむ。家庭までガンバルべき場所にしてしまう。できれば学者の内部資料の中のことばにしておいてほしい）。

次に、家庭で伝えられてきたはずの生きていくための技術は、昔のような生活がない以上、昔のようなやり方で伝えることは不可能だ。しかし、子どもにとって家庭が「巣」であるという視点に立てば、方法は違っても伝え方はあると私は思う。

夕方のテレビでニュースを見ていた。若いレポーターが、アフガニスタンの首都カブールの街から映像を送っていた。七歳の男の子が他人の車を雑巾で洗う「仕事」をしていた。手はひび割れ、ボロボロの服、クツ――この子にレポーターは「どう、仕事は楽しい？」ときいた。子どもは「楽しいはずない。ボクにはこれしかできないから……学校に行きたい」と答えていた。

こういう時代（二〇〇一年九月十一日以降という意味だが）、こんな場所で、こういうインタビューをするのか、それをまた、どこもチェックできないままニュースとして流すのか、私はテレビ画面を見つめながら、日本人にはもう「生きる」ことが見えなくなっているのではないだろうかと思った。

このレポーターのおかしさを子どもと語り合いたいと思う。相手を思いやるとはどういうことか、映像だけですでに大切なことを伝えているのに、インタビューしたばっかりに日本のおとながとんでもない無知で、さらにやさしくないことを示したことなど、子どもと語り合いたい。モノを作るところで伝えられなくなったいま、子どもがこれから出ていくはずの社会、世界、地球、それらの問題を考えることを子どもと共にしていきたいと思う。家庭という場で伝えられることがあるとすれば、それは何よりもヒトが「生きる」存在であること、そのためにどうするかということだったはずだから。

初出／「軍縮問題資料」２００２年３月号（宇都宮軍縮研究室）

新たな抑圧としての教育基本法「見直し」
——子ども不在の見直し論

昨年の暮れ、数年ぶりに中学生に向かって講演した。小・中・高生に向けての講演はずっと断ってきたのだが、〝総合学習〟というある種あいまいな幅ができたためか、教員たちが外部の人を学校にいれることを前ほどいやがらない。また、私の「ジャーナリスト」という肩書きに拒否反応を示してきた学校関係者は多いが、私の二十年以上にわたる全国行脚で、「さほどこわい人ではない（さほど鋭い人ではない？）」ことを理解してくれたのか、むしろ生徒の前で語ってくれという注文は増えている。

わかってくれるのは、おとなより子どもたち

ずっと断りつづけたのは、あまりにも疲れるからである。当然のことだが、教員や親などのおとなに対するときと、小・中・高生に話すときとでは、話の組み立てがまったく違う。視点を逆にしなければならない。話を聞かされる側（多くの子どもにとって、学校で誰かの話を、じっと椅子にすわって聴くのは決してラクなことではないし、何よりも自分の意志で聴くわけではない）から語ろうとするから（しかも、こっちが一番大切だと私は思っているのだが）、説教にならないように語ろうとするから、おとなに対してより何倍も疲れるのである。

よく、子どもと対等に語り合おうなどのことばを目にするけれど、私は子どもと対等になるのは不可能だと思っている。では、どう語るか。うまく表現できないが、私はいつも「たったひとりで」話そうと決心する。外からの権威づけや装飾や、力こぶをできるだけとり去って、生まれてからずっと迷い、ぶつかりながらヨタヨタ生きてきた、そういうひとりの人間として、うしろ盾のないまま、いわばヒョロリと、子どもの前に立ちたいと願う。

語り終えたときには、真冬でも、全身汗びっしょりである。足が固まって、前に踏み出せないときもある。私はだいたいにおいて講演のとき力をいれすぎるのだが、子どもたちの前ではことさらそういう力をいれてしまう。

数年前、今回とは別の中学校で卒業直前の子どもたちに語ったとき、やっとの思いで壇上から降りてきた私に、その学校の校長はいきなり、「子どもたち、ざわついていましたね。話に力が、迫力がないんですね」と言った。私はただ「そうですか」と言った。

控え室の外に出ると、中学生が四、五人立っていた。口々に「青木さん、ありがとう。メチャクチャうれしい。私、やっていけそう。ありがとう」とか、「これからもがんばってください。ボクもがんばる。だって、地球上の、たったひとりのボクだから……うまく言えないけれど……」と言った。涙ぐんでいる子もいた。私はうれしかった。握手を次々にした。その光景を見ていたPTAの親はびっくりしたように言った。「いまの子にも、こんな純粋なところ、あるんですね」その光景をさらに、先ほどの校長先生も見ていた。びっくりしたような顔をしていた。何が起こったかわからないようだった。かわいそうだった。

私は一礼して、子どもたちに手を振りながら会場をあとにした。その後も子どもたちからの手紙がいくつか届いた。励まされたのは私のほうだった。そして、「あいさつもできない子どもたち」と言うけど、「社会人としてまともなあいさつもできない非常識なおとな」の方が多いことを改めて思った。

こうして書いているたった数行のできごとの中に、教育問題の根が見えないだろうか。学校教育の、あまりのタテマエ、そのウソ、校長先生の世間知らず、あるいは私が大学の先生でなくフリーの女だからあんな〝あいさつ〟でよいということなら、その差別性も見えてこよう。こういったことすべてが疲れの原因となって、子どもたちには会いたいけれど、学校からの依頼で子どもに語るという申し出は断りつづけてきた。

今回、数年ぶりに中学生に向かって話す気になった理由は、書けない。書くと、どこの学校かすぐさがし始める人がいるし、その先にはウワサというイジメが待っているから。

いのちを伝えるために、自分のことばで語った

ここでもいままでと同じように私は語った。それは、先述した中学生のことば「地球上でたったひとりのボクだから」という点についてである。

「昔、NHKの生命に関する番組で見たのですが、地球上に存在する個体は、異なっているのだそうです。その番組では、沖縄に棲むある一種の蝶をモデルにしていました。同じ種なのに、羽の模様が一つひとつ異なっていることに疑問を抱いた学者が、その理由を研究していました。そしてすべての個体が異なること、それによって種は生き延びたと語っていました。

確かに人間だって、たとえ何億人の人がいても、一人ひとりはみんな異なっています。

ちなみに、人間のＤＮＡの組み合わせの数は、地球上の全砂粒の数より多い、つまり無限と言えるそうです。私はこのことを理解したときハッとしました。そう、一人ひとり全部違うんだ、全部同じだったら環境の変化によって全部滅びることもある。全部違っていたから、ある部分は滅びても、他の部分は生き延びることができたのだと知りました。そう、異なるから生きられる。異なることが生きることなのだとわかりました。そして、どんな人間も存在するのがあたりまえだと、心から感じました。

ということは、もし私というひとりの人間がいなくなれば、それは多くの人類の中のひとりがいなくなるのではなく、私という、比較のしようがない、たったひとつの個がこの世から消えたということなのだと、考えていきました。自分なんか何の意味もない人間だと思っていた時期もありましたが、このことを知ってから、自分のいのちは誰のものでもない、私のもの、だから大切に、大切に生きたいと思うようになりました。そして、私のたったひとつのいのちと同じたったひとつを、まわりの人それぞれが持っていることに気づいたとき、一人ひとりのいのちが大切であることを感じました」

こんな話をゆっくり、ゆっくり語りかけるとき、子どもたちは考えてくれる場合があるのだ。私の話以上のものを感じとってくれるときもある。

比較の中で、ということはすさまじい競争の中で、ということは一斉の横並びの中で異なることはダメというシステムの中で、しかも「個性」ある教育などという矛盾の中で生きる子どもたちに、新鮮なものとして伝わることもある。そして「勇気が出た」と言ってくれる子どもは多い。

今回の中学生たちも、実にまじめに聴いてくれた。一番多かった感想は、やはり、比較のしようがないひとりという部分についてであった。今回は、校長も教員も親たちも共に準備した。そこで私は、久しぶりに自分の思いを出し切る話ができた。疲れたけれど、清々しかった。

自分の講演にまつわる話を延々と書いてきたのは、学校という場で子どもに語る苦労を言いたいわけでも、管理職の悪口を言いたいわけでもない（多少、意趣晴らしの観もあるが）。いま子どもたちが何に飢えているかを知ってほしいのである。いま起きている教育基本法見直しの流れは、この飢えをさらに大きくするものだと言いたいのである。

子どもを追いつめた人が見直しを主張する！

二十五年以上にわたって教育の周辺で仕事してきた私が、いま端的に子どものいるところを表現すれば、次のようになる。
「『私』という『ひとり』を見出すチャンスを奪われ、『異なる』ことはいけないことという価値観を刷りこまれ、それでも生き残ろうと、イジメという人間関係の海でアップアップしながら浮いたり沈んだりしている」

子どもをこんなところに追いこんだのは何か、そして誰か？　もう同じことを多くの人が書き、語っているからくり返したくないが、やっぱり私のことばで言わなければなるまい。結論から言えば、子どもたちに生物として個々異なっていることを教えず、全部同じと競わせてきたのは教育政策だ。それを作り実行してきた人たちに責任があるということだ。決して戦後の改革に責任があるわけではない。一九六〇年代に入ってから、明らかに教育政策は変えられたからだ。

一九六〇年代以降、この国は経済成長の道をまっしぐらに進んだ。六五年に発表された中央教育審議会答申の中で、「期待される人間像」が言われ、教育は政治・経済の下支えをするものと位置づけられた。戦前の教育の位置とさほど変わらないところに、改革からたった十年ほどで、再び追いやられてしまった。ここですさまじい競争と効率化が進められ、それは戦前と同じイジメと無責任を産んだ。

私はずっとイジメを取材してきたが、戦後の十五年間に子どもであった私はイジメというものを知らなかった。だから不思議でしかたがなく、追いつづけた。他の子をイジメた子が、目撃者もいる前で、自分は(イジメを)やっていないと言い張る場面にも何回か出会った。とても不思議だった。しかしいま、少しわかる。子どもたちはイジメを「いやいやしていたから」「誰かにやらされていたから」自分がしたのではなかったと言い張った部分もあったのではないか。この姿勢は、先の戦争に対した私の父母の世代の姿とそっくりだ。「やらされた」「だまされた」「命令だった」——その無責任は、こんな中から生まれたのだ。

いま、こういう子どもたちを「自分の非も認めない、自己中心の子どもが育っている」と言う人は、むしろ自らも無責任なまま戦後をすごしてきた人の中に多いと、私は思う。天に唾することと同じことなのに、と思う。

百歩譲ってそういう子どもが増えているとすれば、その原因は、六〇年代半ば以降のすさまじい競争社会にあり、人を〝役立つ〟という基準でしか見ることをしなかった、現実には〝役立たず〟として人間を分離し、切り捨ててきた自らの残酷さにあることは明白である。

しかし、自らの非は認めないまま、非常に単純化した表現で、たとえば「子どもが悪くなっている」などといった冷静さのかけらもない表現で、大切な理念が次々と変えられつつある。

「見直し」論に反対する二つの理由

元号法制化、「日の丸・君が代」強制、「心のノート」の問題など、おかしいと言いつづけてきたが、なかでも今回の教育基本法の見直し論は、その詐欺とも言える、ことばと実態との間の距離の大きさにあきれつつ、だからこそ許せない思いを抱いている。

「見直し」の中のことば「個性に応じ、その能力を伸ばす」は、これを子どもたちの置かれた実態の方から表現すると「ある一定の年齢のとき、そのときできる子はできる方へ進め、そのときできない子は放っておけ」ということだ。もちろん「できる・できない」は暗記中心の〝学力〟のみが基準。ここに「個性」という言葉をもってくるからウソになるのだ。もっとはっきり「学力に応じ、その能力を伸ばし……」としたほうが、文部科学省の子ども不在の教育行政という犯罪性は見えにくくなる。どこかの進学塾の宣伝コピーに見えるから。

だいたい「個性」ということばほど、この国の教育行政の中でメチャメチャに扱われたものはない。それは「個」の集まりという認識をきらって、「個」の反対側に、ありもしない「全体」(「個」の集まりとしての全体はあるが、「個」を否定する「全体」などどこにも存在しない)とか、「みんな」とか、もっとひどい場合は「公共」などのことばをもってくるからおかしくなるのだ(今回の「見直し」の中にも「新しい公共」などのことばが見える)。十人でも百人でも一億人でも、一人ひとりは異なる「個」だ。そこから子どもたちに語ろうとせず、先に「みんな(の幸せ、など)」とか、「公共(の利益、など)」を語るから、子どもたちは自分を考える力も、必然的に他人のことを考える力も身につけるチャンスを失ってしまうのだ。順番が違うのである。

ほんとうは、子どもたちにそういう真の力を身につけてほしくはないのではあるまいか。ただ、「おとなしくしていてほしい」が本音ではないだろうか。だから子どもたちに、黙ったまま「友だち」の手の甲を一時間にもわたってつねりつづける(ある、私立女子中学校でのイジメの例)ような〝表現〟をするようになったのかもしれない。そういうことへの反省も問い返しもないまま、せっかくできたのに実行しなかった理念、つまり教育基本法を変えることで教育行政の責任をごまかそうというのが、今回の「見直し」の真意だろう。

さらにもうひとつ我慢ならない見直しが「家庭の教育力云々……」である。これも「子どもの心が荒れている」と言われ始めた二十年も前から、ずっと唱えられてきた。「家庭の教育力」とは何を指すのか。それは少なくとも六〇年代初頭ぐらいまでは見えていた。家庭で生活のモノを作る作業があったときに存在したものである。いまは家庭どころか社会全体にその持つ力は見えない。このことに関しては『軍縮問題資料』二〇〇二年三月号（宇都宮軍縮研究室刊）にくわしく書いたのでここでは省くが、要するにもはや存在し得ないものをいまさらのように「見直し」として出してくる真意はたったひとつ、女は家庭に帰れということだ。

各地で行われた「見直し」のための公聴会で奇妙にも、見直し賛成の人は同時に、男女共同参画反対をしている。「奇妙にも」と言ったが、もともと今回の「見直し」論の出所は、力によって支配したがる人たちだから、子どもを抑えこもうということは、女もセットで黙らせたいのだろうと見当はつく。男も女も、おとなも子どもも、世界中の大国も小国も、さまざまな人たちが共に生きる社会をめざす現代の世界の流れをきらう、あるいはこの流れに恐怖する人たちが出所だから、両者がセットになるのは、当然と言えば当然だ。「女は家庭に……」、これはまた子どもの側から言えばとてもつらいことになる。高度経済成長を支えたシステム「男は過労死するまで働き、女は家の中で子どもを通信簿にして生きる」――その中で一番苦しんできたのは子どもたちだ。私たちの社会は母子心中、児童虐待など、いやと言うほど見ているではないか。それをさらに強化しようと言うのだから、今回の「見直し」が子どもの現状をまったく見ようとしない、おとなの身勝手な思想に子どもを従わせようとしていることは明らかだ。「個性を伸ばす」ことが「違いを認めない」ことになり、「家庭の教育力」が「子どもを追いつめる」ことになる。このごまかしをどう伝えられるのか、毎日がいま、苦しい。

ちょっとでも堅苦しい印象を得たら引いてしまう人たち、ちょっとでも考えることを要求されたらプイと横を向いてしまう人たち、そういう人たちに、そういう人が育ってきた理由を考えませんかと語りかけることの困難さ、それを言う自分の傲慢さ――考えたらいやになる。

でも、言いつづける。誰のためでもない、自分のために。私は死ぬとき「だまされた」「しかたがなかった」と言いたくないから。

初出／「季刊福祉労働」第98号・2003年3月25日発行（現代書館）

現行「教育基本法」を守ろう！

――「見直し」の答申はますます子どもを追いつめる

一九五八年に大流行した「フラフープ」。年配の人は覚えていることと思う。「もはや戦後ではない」と言われ始め、この国が高度経済成長に突き進む直前であった。当時小学校高学年だった私も、下手なくせに夢中で回したものだった。直径一メートルぐらいのプラスチック製の輪だった。

私たちはこの輪を時折、地面に置いて、「陣とり」ゲームをした。もう詳細は覚えていないが、フラフープの範囲が「陣地」になる。数人の子どもがそれぞれフラフープをズーズー引きずりながら逃げ、追いかけて相手のフラフープの範囲（つまり陣地）に自分のを重ねたとき「勝つ」のだが、その「陣地」自体がズルズルと動くので、なかなか相手をせめ切れなくて、それだけにおもしろかった。それなりの広い場所と、時間があってできた遊びだった。

教育基本法「見直し」に反対する活動をしていて、私はずっとこのフラフープの「陣とり」ゲームを思い出していた。どこまで引き下がっても土俵の「たわら」がない、どこまで逃げても、土俵自体がズルズル動くので、土俵つまり範囲も見えない、何を相手にしているのか、あまりにも手応えのない、まるでヌエを相手にしているようなとりとめのなさを、ずっと感じてきた。

「新しい時代にふさわしい教育基本法と教育振興基本計画の在り方について」(以下「答申」と言う)を読んだ、ある中学校教員はこう言った。

「まるで、飲み屋の席で、男たちがクダまきながらしゃべったような教育論。何に、どう反論すればいいのかわからない」

ほんとうにそうだ。ずっと昔からくり返されてきた「いまの若い者は……」の議論(それは議論ともいえないシロモノ)に見える。

教育理念なき教育論議

特に「答申」の第一章「教育の現状と課題」の第二項「国民の間では、これまでの価値観が揺らぎ、自信喪失感や閉塞(そく)感が広がっている。倫理観や社会的使命感の喪失が、正義、公正、安全への信頼を失わせている」、第三項「国民一人一人の自己実現、幸福の追求と我が国の理想、繁栄を実現する原動力たり得るものは、教育をおいて他（ほか）にない」などの表現にはびっくりする。あまりに大きなことが抽象的言語で表現され、それらがいともかんたんに「教育」の大切さにくっつけられていく。そんな大切な「教育」だったの？　その割には「教育」にお金かけなかったんじゃない？　――そんなつぶやきがつい出てしまう表現だ。

第五項にいたっては、私は読みながら笑ってしまった（笑っている場合ではないが）。「青少年が夢や目標を持ちにくくなり、規範意識や道徳心、自律心を低下させている（中略）また、学ぶ意欲の低下が、初等中等教育段階から高等教育段階にまで及んでいる」。この「答申」は文部科学省の要請で、「教育改革国民会議の提言を踏まえながら」審議されたそのまとめである。ここに書かれたことはそのまま、こうなるまで何もしなかった、あるいはいろいろしたけど何の効果もなかったことを認めているということだ。中央教育審議会、臨時教育審議会、教育改革国民会議等、鳴り物いりで行われてきた〝教育論議〟は、いったい何だったのだろう。

「現状と課題」にかんして、話し合えば話し合うほど、子どもの「現状」を憂える話が出ただろうし、だいたいいまの若い親たちは「しつけ」ひとつできなくて……式の話が飛びかったのだろう。ほんとうの子どもの現状など知らない人たちが、マスコミ報道などをうのみにして自分の意見をわめいたにすぎないことが、このところでよくわかる。それはまさに「居酒屋」での教育論議だ。

教育理念などまったくない。あるとすれば戦前・戦中の「宗教的情操」に満ち満ちた、親や国を無条件に敬うという、自分たちの「体験」しかない。それを「昔はよかった」とため息をつき、あるいは有事法制の成立等とあわせて戦争準備に向けての最後の仕上げとして教育基本法「見直し」を主張しているのである。

宗教でない「宗教的情操」とは？

ある既成の宗教団体の人はこう言った。「(答申に) 問題はあるとしても、学校教育の中に宗教的情操をはぐくむ場は必要じゃないでしょうか」と。答申の第二章「新しい時代にふふさわしい教育基本法の在り方について」の2、具体的な改正の方向(5)として、「教育上の重要な事項」の中のひとつが「宗教に関する教育」である。「人格の形成を図る上で、宗教的情操をはぐくむことは、大変重要である」とし、それに関連する教育として「道徳を中心とする教育活動の中で、様々な取組が進められている……（略）」とつづく。

ここで言う「宗教的情操」とは、具体的に何を指すのだろう。「人格の形成を図る上で」重要な「宗教的情操」とは、いったい何のことだろう。少なくとも、私に「宗教的情操は必要」と言った宗教団体の人が素朴にイメージする「朝に夕に、仏様に両手を合わせ、今日も一日しあわせでありますように」と祈るなどの〝心やさしい〟行為のみを意味しているとは思えない。具体的な宗教については「憲法に定める信教の自由を重んじ」て、教育基本法では「引き続き規定する」という。それならなおのこと、ここで言う「宗教的情操」の意味がわからない。仏壇にロウソクを灯すことも、神社で拍手を打つことも、何でもありの「宗教的情操」なのか。だとしたら、そう書かなければならない。はっきり書かないから、疑われるのである。

さらに付け加えれば、やっぱり「道徳」は、「宗教的情操に関する教育」だったのだ。道徳の〝教科書〟として問題になっている『心のノート』のあの抽象的なファンタジックな表現、私は一目見たとき「まるで宗教団体の宣伝パンフみたい」と思い、それをどこかに書いたりしたが、あの直感は当たっていたのだ。そして『心のノート』の持つ「宗教的情操」は、やっぱりわからない。かすかに「国を愛しましょう」という同ノートの表現から、宗教的対象は「国」なのかなと思う。しかし「国」をご本尊とする、あるいはご神体とする「宗教的情操」というもの、あるのかないのか、これまた戦後生まれの私にはわからない。ここで愛しなさいと言われる「国」の形も、よくわからない。要するに、何を言いたいのかさっぱりわからない文章が次々とこの答申には並ぶのである。

ある街の講演会で、一人の男性が発言した。

「家庭は心安らぐ場でなければならないと思います。その点で（答申）は、とてもいいことを言っています。家庭の大切さを言うことはいけないことでしょうか」

この声は実はとても多い。今回の「見直し」を歓迎する人たちの中に、この家庭、しつけなどに対して不満を持っている人が多いのは毎日のように実感している。だからまた、私はイライラする。この人たちが言う「家庭は心安らぐ場であってほしい。家庭は大切な場である」という素朴な個人の思いと、答申が今回加えようとしている国が望む「家庭教育」の中身は、大きく違っている。さらに「家庭」にまで国が介入することのおかしさについてうまく説明できない自分にもハラが立つ部分だ（これについてはさらにあとで述べる）。

反論すべき柱を隠す答申

いま大変乱暴に並べた、それぞれの分野の人たちからの正直なとまどいからもわかるように、今回の答申にはあまりにも反論が難しい部分がある。いいことを言っているから難しいのではない。反論すべき柱が見えないと言えばいいのか、何を具体的に改めようとしているのか見えてこないから、でも何かしら疑わしいおかしな臭いはプンプンしていて「変だ、変だ」と思われるから、よけい焦るけれども反論しにくいのである。そしてここにこそ、今回の「見直し」論議の本質があると、私は思う。

私は一九七五年に新聞記者という仕事に就いた。以来三十年弱の間、自分の子どもを育てたり、新聞社を移ったり、やめたり、いろいろしながらもずっと「教育」の周辺を歩いてきた。なかでも一九八三年、横浜市で起きた当時の〝浮浪者〟、いまで言うホームレス連続殺傷事件に強い衝撃を受けた。ホームレスを襲った十四歳から十六歳までの少年たちは「人を襲うことはおもしろかった」と表現し、その少年の生い立ちは実にさまざまであった。いわゆる崩壊家庭の子もいれば、〝きちんとした〟家庭の子もいた。

その後もずっと、より弱い立場の者が襲われ、殺される事件がつづくのはなぜなのか？何の問題もない子と「非行少年」と言うけれど、「問題のない子」とはどんな子か？「非行」とは何か？　「いい子」とはどんな子か？　などをずっとテーマにして書き、語ってきた。一人息子は二十六歳になり、回り道ばかりするわが子にオロオロしたりイライラしたりもした。ＰＴＡの委員もやり、学校にもよく出入りした。管理職とやり合ったり、教員の話を泣きながら聞いたりもした。親の相談はほとんど毎日、子どもたちとも取材という名のケンカをしたり、死ぬと言ってきた子をさがして頭の中がまっ白になって、電話をかけつづけたこともあった。要するに現場でずっと「教育」を見て、感じて生きてきた。

三十代が引き起こす事件、次々

そんな中で二〇〇〇年前後に、いやに三十代半ばの人が起こす「事件」が気になった。マスコミは「十七歳」がキーワードで大さわぎしていたが、私の心の中には「十七歳は昔からわけのわからない年代だった。いま、テレビという中継機械（報道機関なんて言いたくない）があって、バスの中で刃物を持った少年の恐ろしさを何倍にも大きくする時代だから、ことさら十七歳のこわさが宣伝されるけれど……」という思いがあった。それよりも一般的にはもう〝立派なおとな〟とされる三十代半ばの人たちが起こす「事件」の方がずっと気になった。

一九九九年には三十五歳の男が山口県下関駅に、乗用車をスピードを落とさないまま乗りいれて、数人の死者、重軽傷者を出している。裁判の中で、この男は事件前に大量の睡眠薬を飲んでいたらしいことなどがわかって、責任能力を問えるかどうか問題になっているようだが、事件そのもののことより私が気にしたのは、この男が子どものときからずっと「いい子」だったらしいということだ。報道ではこの男の両親は学校の先生、この男は子どものときから「親なら誰でも自慢したくなるような子どもだった（男の同級生のことば）」という。

同じ年に東京・文京区で、いわゆる「春奈ちゃん事件」が起きた。自首してきた女性はやはり三十五歳だった。二〇〇〇年になって新潟で少女が十年近く監禁されていたという衝撃的な事件が明らかになった。当時三十七歳の男が逮捕された。翌二〇〇一年六月には大阪・池田市の国立大付属小学校に男が飛びこみ、一、二年生の子どもたち数人が殺される事件が起きた。当時三十七歳の男が逮捕された。

これらの事件の共通点は、加害者（とされる）側の人たちがそろって一九六五年前後に生まれていること、被害者側の人たちが下関事件を除けばほとんどが幼い女の子たちであることである。

一九六〇年代半ば――どんな時代だったのか。調べるまでもなく一九六五年は中教審の中間答申として「期待される人間像」が発表された年だった。経済界の要求に合わせる形で有名な答申だが、大田尭さんはその著書『戦後日本教育史』（一九七八年・岩波書店）の中で次のように書いている。

『期待される人間像』は、政治支配者が権力を背景に、一方的かつ画一的に、教育の目標としての人間像を押しつけるものとして論議を呼んだが、内容的にもそれは教育基本法の人間像と教育理念に対する挑戦であった」。

一九六四年に行われた東京オリンピックの標語は「より速く、より高く、より強く」であり、さらにこのころ流行していたことばは「根性」「しごき」「モーレツ社員」などであった。最近の、子育てまっさい中の若い母親たち（三十五歳ぐらいになる）の多くが「そう言えば自分が子どものころ、誰に言われたかわからないけど、いつも早く、早くとせきたてられて、ガンバレ、負けるな、根性、と言われてきた記憶があります」という。

四十年前から崩されてきた基本法

追いたてられ、勉強にもスポーツにも「ガンバリ」、負けたらダメ、負けたらおしまいと生きてきた世代はまた、その十代の半ばにいわゆる「偏差値」のなかに放りこまれた。いまのセンター試験の前身である共通一次が始まったのは一九七八年、六〇年代半ばに生まれた人たちが十四、五歳のころである。このころから偏差値は〝常識〟になっていった。子ども時代いつも点数で評価され、点数の高い子は「いい子」、点数の低い子は「ダメな子」とされる中で、さらに偏差値で、狭い一定の地域で隣の子よりは「上」、あの家の子よりは「下」という価値観を刷りこまれて育った人たちが、まるで子ども時代に復讐するかのように怒りの爆発（暴発）とでも言えるような事件を起こしている。

これら三十代半ばの人たちの事件の背後に、憎悪、いじめ、虐待、差別などのさまざまな要素がうかがえる。そしてそれらは人間がただひたすら競争させられる中で身につけてしまうものだと、私は思う。生き残るために身につけざるをえなかった暴力性、それを感じるのである。

大田堯さんのいう「教育基本法の人間像と教育理念に対する挑戦」は、こうして、もうすでに四十年も前から実施され、その中で育った人がすでに子育てもしている。教育基本法はすでに骨抜きにされつづけてきたのである。

子どもたちの悲鳴（文科省等は同じことを「教育の実態」と表現する）を懸命に聴こうとしてきた私は、こんな中で、教育にたずさわる人たち、そして「教育される」側の子どもたちは、実にしたたかに、実に粘り強く生きてきたなあと思う。

強制される競争の中で、それに過剰なまでに〝適応〟していった人たちもたくさんいたが、それに反発し、たたかい、競争に負けて排除されそうになる子どもの側に立ち通した教員もたくさんいた。「戦場」になってしまった学校が苦しくて、どうしても体が学校を拒否する子どもに寄り添いつづけた親も、地域の人たちもたくさんいた。一九六五年前後からの教育政策の中で、そういう意味では、がんばってきた人たちがいたから、さまざまな「事件」でつらい被害者を出しながらも、なんとかやってこられた面はあると思う。

政策は子ども不在だった。しかし、子どものそばにいる人たちは、懸命に子どもの側に立とうとした。その心のよりどころは憲法が教えてくれた基本的人権であり、教育基本法が大切にした個人の権利であった。

ネライは基本法を消すこと

いま、この教育基本法「見直し」論議のわけのわからなさ、ヌエのようなものの正体が、やっと見えてきた気がする。政府（文科省）は、教育基本法の法律の条文をどうするのか、国民（われわれ）と話し合う気なんか毛頭ないのである。彼らはただ教育基本法の抹殺、それのみが〝悲願〟だった。だから今回の答申を読んで、その文章の中に入っていくと、あふれかえる抽象的なことば、美しいことばの中で溺れそうになってしまう。「論理」だと思うから文脈をさがそうとするが、それはメチャメチャな状態だ。

たとえば今回の答申の元々のネライといわれる「教育振興基本計画」の中身は、「『知』

の世紀をリードする」「グローバル化、情報化等社会の変化に的確に対応する教育の推進」などと言いながら、「現在の厳しい財政状況の下で（中略）今まで以上に教育投資の質の向上を図り、投資効果を高める……」と、まるで証券会社の宣伝パンフのような行革的泣きごとを言う。どっちがほんとうのことばなのか。

また「競争に負けない学力」を全体として主張しながら、「思いやり」も育てたいと言う。競争に勝つということが学力に限定されたら、人は他人より一点でも多くとりたいと思うのであって、思いやりなど持っていたら負けてしまう。「譲ったら負けてしまう」と言った小学五年生の子どもがいた。厳しいその子のいるところが想像されて、胸がつまった。この二つを平気でもってくる感覚が、子ども不在の証明なのである。

このあふれることばの海に飛びこんで、一つひとつ反論しようと思っていたけれど、それはやめた。議論する気もない人たちの土俵に乗っても、それはフラフープの土俵にすぎないものとわかったから。

私はこれからは、基本法「見直し」論について書くとか、教育基本法改悪について論ずるという姿勢をとらない。はっきりと教育基本法を守ろう！　と言っていく。彼らのネライが基本法つぶしなら、つぶすな！　と言っていくしかないのである。

「家庭教育」まで国が規定する

今回の答申では「家庭教育」の項目が付け加えられた。一般的には「いいじゃないの」などと迎えられている部分でもあるが、ここでもまた実体のない、ことばの海が広がっている。「親（保護者）は、人生最初の教師として、特に、豊かな情操や基本的な生活習慣、家族や他人に対する思いやり、善悪の判断などの基本的倫理観、社会的なマナー、自制心や自立心を養う上で、重要な役割を担っている」――ナルホド。しかし、どれほどの親がこれを実行できるだろう。親までが（人生最初の）「教師」になってしまったら、子どもはどこでホッとできるのだろう。こんな親になれと言われて「ハイ」と言ってなれるものなのか。私はこんな親には一生かかってもなれない。

さらに「しかしながら、現行法においては、家庭教育について、社会教育の条文の中に、『家庭教育は……国及び地方公共団体によって奨励されなければならない』と規定されているにとどまっている」とある。

実はこの現行法で「家庭教育」が「社会教育」の項目、第七条にたった一行だけ表記されていることが、現行教育基本法のすばらしいところだと、私は思う。

家庭は最後のプライバシーだ。と言っても住基ネットや個人情報保護法などの中で、どこまでそれを言いつづけられるかわからないし、一方で児童虐待など、家庭の密室性に重大な問題も見えてきている。しかし、基本的には、人はどんな家庭生活を営もうと、国からとやかく言われるものではない。家庭が大事ということも国に言われたくない。家庭を持たない選択をした人もいっぱいいいる。そこはきわめて個人的な場なのである。

だからこそ現行法ではこう言っている。

第七条（社会教育）家庭教育及び勤労の場所その他社会において行われる教育は、国及び地方公共団体によって奨励されなければならない。

「家庭教育」を「勤労の場での教育」や「社会教育」と同列に論じている。私はこれが、戦前・戦中の家中心主義だった家庭観への反省としてあらわれた最小限の表記だと思っている。「家庭」の独立は守らなければならないけれど、その中で起こりがちな暴力的な関係（夫婦・兄弟・親子等）については「社会」が隣接していなければ防ぎ得ない。近年児童虐待防止法とかドメスティックバイオレンス防止法などできているが、これも「家庭教育」を社会化していくひとつの動きにちがいない。

「家庭」という個人の領域に、さらに子どもの権利、女性の権利という「弱い立場」の個人を見つけ出して対応できたのも、基本法に「個人の権利」があったからである。つまり子育ての社会化という、基本法成立から五十数年たったいま、重要な課題になっていることも、「基本法にないから加える」のではなく、「基本法」があったからこそそれぞれの法律で対応できたのである。現行法の先見性と言える。

「人生最初の教師として」の親から高い要求をつきつけられ、「豊かな情操」のために一週間に八カ所もの塾・おけいこごとに追いまくられ、「基本的な生活習慣」を身につけるために箸のあげおろしにも叱られ殴られ……そんなふうに育つ中で、それでも「親を憎んじゃいけない」と自分を責め、とうとうどう生きたらいいかわからなくなってしまった子どもに、私は何人会ってきただろう。答申の中の「家庭教育」のことばは、あまりにもキレイゴトで、あまりにも実態を知らない人たちのことばである。

そして何よりもここで言う「親」というのが多くの場合、母親を指している現実があるから、答申はこわいのである。ことばとして「親」、わざわざ（　）で保護者と言っているが、通常は父母の両方を指すと思われる。しかし現実にはほとんどが母親に対して要求されることを答申は表現している。

これらのことばがどれだけ多くの女性の自信を奪ってきたか、親と子の関係をどれほどズタズタにしてきたか。「人生最初の教師として」「家族や他人を思いやる」ための「しつけ」をするには、何よりもゆっくりとした時間と場所がいる。夫と妻の間の心からの安定した関係がいる。働きたいという女性が増えつづけているのに保育所も十分に用意しない。

労働時間、労働形態も「家庭」を大事にするものではない。そんな中でこれだけを言うからキレイゴトになるし、「教育基本法」で、これを言うということは、国のネライは「十分な時間を与えるから、女は家庭に帰れ」ということかもしれない。

さらに子どもを追いつめる状況

「教育」といつもセットにされ、いいように扱われてきた女性の生き方が、ここでも言葉としてオブラートに包まれているけれど、はっきりと国によって制約を受けようとしている。そのことで一番苦しむのは子どもたちだ。自分の人生を閉ざされた女たちは「愛」と言いながら子どもを追いつめ、子どもを自分の通信簿にして生きることが多いから。

私はこの「家庭教育」の項目を付け加えた一点だけでも、答申はまちがっていると思う。現状をちっとも認識していない答申という意味で、まちがっていると思う。

以上、教育基本法「見直し」論の枠のなさ、柱のなさ、それ故に論じることの苦しさなどをグチャグチャ書いてきた。けっこう苦しい原稿だった。しかし書いてみてやっぱりよかった。書いてみてはっきりわかったのである。くり返しになるが、政府は教育基本法「見直し」について「論議」する気はまったくないこと、答申はことばばかりで実体がないこと、もう四十年も前から教育基本法は崩されつづけてきたということ。こっちに力があるときは押し返すこともできたけれど、いまでは事態はますます悪い方向に向かっている。

いままで「時代のカナリヤ」として文字どおりいのちがけでシステムの不備を表現してくれた不登校の子どもたち、子ども同士の関係性の変化を「いじめ」という形で必死に表現した子どもたち、この子たちをさらに苦しめる状況が広がりそうである。教育基本法が実行されているかどうかは別に、そのままの姿で、めざすべき指標として存在することは、どんなにか強い歯止めではあった。その意味で、どこまでも教育基本法を守る運動はつづけなければならない。

さらにもっとがんばらねばと思ったのは答申の最後に「参考」として書かれていることを読んだときである。私は心底ゾッとした。

「児童・生徒の学習到達度を調査するための全国的な学力テストを実施し、その評価に基づいて学習指導要領の改善を図る」①（数字は筆者）

「いじめ、校内暴力の『五年間で半減』を目指し、（中略）また、不登校等の大幅な減少を目指し、受入れのための体制づくりを推進する」②

「子どもの体力や運動能力の低下に歯止めをかけ、上昇傾向に転じさせることを目標として、子どもの体力向上を推進する」③

②の事実が起きた原因も、③の原因も、①にある。それなのに三つとも並べて平気でこれを「答申」として出す。その鉄面皮に、「同じ土俵には乗らない」と思いつつも、読めば怒りがわく。この「答申」どおり行われたら、「いじめ」は半減どころか倍増する。なぜなら、子どもを「いじめ」に追いやる原因、つまり苛烈な競争は、ますますひどくなる内容だから……。

初出／「季刊教育と文化フォーラム」32号・2003年SUMMER（アドバンテージサーバー）

おわりに

クラスの男子全員がスーパーで万引きするように強制されたできごとがありました。二人の〝強い〟男の子にリードされ、十三人の男子がゾロゾロとスーパーの前まで行きました。小学校五年生のクラスです。

スーパーの前で、ひとりの男子が「ボクはイヤだ。帰る」と言って、スタスタと帰り始めました。すると他の子たちもそろって「ボクもイヤだ」と、十人の子どもたちが帰りました。残りの三人は万引きをしたのかしなかったのかわかりませんが、少なくとも表面化はしなかったようです。

はじめに「ボクはイヤだ」と言った子どもに聞きました。「どうして直前になってイヤだって言えたのだろう。みんなといっしょに行かなかったら次の日からなかまハズシにあうこと、わかってたんでしょ？　勇気あるよね。よくイヤだって言えたよね」。

その子は言いました。「べつに勇気とか、そんなことじゃないよ。あの二人に命令されたときからムカついてた。心の中じゃイヤだなあと思ってた。スーパーの前に来たとき、急に、お父さんがいつも言ってたことばが頭の中に浮かんだの。ウチはウチーってことば。

そしたら急に、ボクはボクだって思ったんだ。ボクはボク、イヤならイヤと言っていい。それでハズされたっていいや、と思ったんだ」。

オモチャやゲームソフトを買ってほしいというと、この子の両親は「そんなお金はない」と言うそうです。それでも「みんな持ってるよ」と言うと、いつも「うちはうち。みんなと同じじゃない」という答が返って来たのだそうです。だから、テストの点数でも他の子と比較して「○○ちゃんは百点なのに……」と言うこともないそうです。「うちはうち」ですから。

このできごとは、実はとても大切なことを意味していると、私は思いました。子どもが「事件」を起こすのではないか、「犯罪」に巻きこまれるのではないか、あるいは「被害者」になるのではないかと、不安が次々出てくる現代です。それを防ぐために何が必要かをたくさんの人が真剣に考えています。やれることをやるしかないのでしょう。集団登下校、ブザーを持たせるなど、あちこちで行われています。

ただ、基本においては、子どもひとりひとりがイヤなことはイヤと表現し、こわいときは「ギャーッ」と叫んでまわりに助けを求める、つまり生き物としての力をつけることが一番重要だと思います。特に「友だち」という名前で「犯罪」に誘われるとき、イヤと言うことが大切な力になると思います。

その力は、ボクはボク、ワタシはワタシという真の個人が育っていなければ身につかないものです。いつもまわりに合わせ、みんなといっしょに生きる生き方の中では、この力は育ちにくいでしょう。むしろ「みんな」という中に埋没したとき「個人」は何をしてもいいというきわめて無責任な、しかも暴力的な様相を見せることが多いと思います。いじめの中でいやというほど見てきました。

独りになっても、イヤなことはイヤと言う力、おかしいことはおかしいと言っていく力を、子どもたちにつけていくことが、いま、何より大切だと私は思います。そのためにはこの小学生の両親のように、まずおとな自身が「うちはうち」と言えるかどうかが大事になります。

現行の教育基本法は、第二次大戦に「イヤなことはイヤ」と言えなかった反省から、子どもひとりひとりの個人の力を何より大切にしていました。もちろんこれは勝手に何をしてもいいということではありません。勝手な暴力に対してもノーと言っていく力を含めた個人の重視です。

その目標はまだまだ達成されないうちに、現状を知ろうとしない人たちが、あるいはさらにモノ言わぬ子どもにするために、教育基本法を変えようとしています。子どもが「事件」を起こす数よりも、子どもが虐待されている数が圧倒的に多いのに、それを知っているはずのおとなたちが、さらに子どもを追いつめようとしています。「虐待」事件と教育基本法を変えようという流れは、根っこでつながっていると、私は考えています。強い者が、抵抗できない者を力で抑えこむ、つまり支配と被支配の思想という点では、同じ線の上にあります。

人がひとを支配することを、あらゆる場所でおかしいと言っていきたいと思います。幼い子どもから、少数の民族から、女性の側から、老人の方から、そして小さい国の側から、誰も他の人間を支配することはできないし、させない勇気を言っていきたいと思います。

まとまりのない本になったのではないかと心配していますが、「いま」という時代を、できるだけ論ではなくて具体的な現場から書きたいと考えてきた結果です。あちこちで語り合うときの材料になれたら、とてもうれしいです。

形にならない原稿を待ちつづけてくれたけやき出版の交易場修さん、酒井杏子さん、ありがとうございます。また、快く転載を許可してくださったそれぞれの雑誌の編集者の皆様、ありがとうございます。

二〇〇四年三月

青木 悦

第三刷りのあとがきに代えて

「教育は、人格の完成をめざし、平和的な国家及び社会の形成者として、真理と正義を愛し、個人の価値をたっとび、勤労と責任を重んじ、自主的精神に充ちた心身ともに健康な国民の育成を期して行われなければならない」（傍点筆者）——これは一九四七年に公布された教育基本法第一条（教育の目的）です。

この条文のどこが「時代に合わない」のか、私にはさっぱりわかりません。むしろこの「教育の目的」は達成されていないのだから、この目的に向かってがんばらねばならないと思っています。

しかし二〇〇六年秋、私たちの「反対」の声も届かず、教育基本法は変えられてしまいました。新しい法律の第一条（教育の目的）には、私が以前の条文で傍点を付けた部分がありません。「真理と正義を愛する」「個人の価値をたっとぶ」「勤労と責任を重んじる」「自主的精神に充ちた」などの、とても大切な思想がすっぽりと削りとられてしまいました。

私は「いじめ」も児童虐待も女性や老人や障害者への暴力も、「自主的精神」が育っていないところから、「個人の価値」が大切にされないところから起きると捉えています。

だから、「いじめを減少させるために」新しい教育基本法が必要といったことばのウソをずっと言いつづけてきました。

法律は変えられてしまいましたが、やはりおかしいことはおかしいと言うつもりです。私たちが未来に残せるものがあるとしたら、戦争をしない宣言と、個を大切にする社会をめざすという理想しかないと思うからです。

この本は教育基本法が変えられる以前に書いたものです。おかげさまでたくさんの人に読んでいただいて、今回三刷りを迎えました。増刷にあたり、現実の状況を記しておきたいと考えました。同時に私たちがめざす教育の目的を改めてここに記録しておきたいと思いました。

二〇〇七年九月

青木　悦

著者略歴
青木　悦（あおき　えつ）
1946年高知県生まれ。「朝日中学生ウィークリー」「婦人民主新聞」記者を経て、現在フリー。
著書『「子どものために」という前に』、『なぜそんなに「まわり」を気にするの？』（以上、けやき出版）、『人間をさがす旅』（民衆社）、『アスファルトのたんぽぽ』『幻の子ども像』（以上、坂本鉄平事務所・FAX03-5840-9852）など。
東京都文京区在住。

泣いていいんだよ
——母と子の封印された感情

2004年3月24日　第1刷発行
2007年10月10日　第3刷発行

著者　青木悦
発行者　清水定
発行所　株式会社けやき出版
〒190-0023
東京都立川市柴崎町3-9-6
電話042-525-9909
FAX　042-524-7736
http://www.keyaki-s.co.jp
装丁　山口裕美子
製版・印刷　株式会社メイテック

ISBN978-4-87751-239-2 C0037